老科学家学术成长资料采集工程
中国科学院院士传记丛书

思地虑粮六十载

朱兆良 传

慕亚芹 李群 ◎ 著

中国科学技术出版社
·北京·

图书在版编目（CIP）数据

思地虑粮六十载：朱兆良传／慕亚芹，李群著．
—北京：中国科学技术出版社，2019.10
（老科学家学术成长资料采集工程丛书．中国科学院院士传记丛书）

ISBN 978-7-5046-8334-2

Ⅰ.①思… Ⅱ.①慕… ②李… Ⅲ.①朱兆良－传记 Ⅳ.① K826.3

中国版本图书馆 CIP 数据核字（2019）第 161106 号

责任编辑	余　君
责任校对	焦　宁
责任印制	张建农
版式设计	中文天地

出　版	中国科学技术出版社
发　行	中国科学技术出版社有限公司发行部
地　址	北京市海淀区中关村南大街 16 号
邮　编	100081
发行电话	010-62173865
传　真	010-62173081
网　址	http://www.cspbooks.com.cn

开　本	787mm×1092mm　1/16
字　数	210 千字
印　张	13.5
彩　插	2
版　次	2019 年 10 月第 1 版
印　次	2019 年 10 月第 1 次印刷
印　刷	北京华联印刷有限公司
书　号	ISBN 978-7-5046-8334-2 / K·257
定　价	70.00 元

（凡购买本社图书，如有缺页、倒页、脱页者，本社发行部负责调换）

老科学家学术成长资料采集工程领导小组专家委员会

主　任：杜祥琬

委　员：（以姓氏拼音为序）

　　　　巴德年　陈佳洱　胡启恒　李振声
　　　　齐　让　王礼恒　王春法

老科学家学术成长资料采集工程丛书组织机构

特邀顾问（以姓氏拼音为序）

　　　　樊洪业　方　新　谢克昌

编委会

主　编：王春法　张　藜

编　委：（以姓氏拼音为序）

　　　　艾素珍　崔宇红　定宜庄　董庆九　郭　哲
　　　　韩建民　何素兴　胡化凯　胡宗刚　刘晓勘
　　　　罗　晖　吕瑞花　秦德继　王　挺　王扬宗
　　　　熊卫民　姚　力　张大庆　张　剑　周德进

编委会办公室

主　任：孟令耘　张利洁

副主任：许　慧　刘佩英

成　员：（以姓氏拼音为序）

　　　　董亚峥　冯　勤　高文静　韩　颖　李　梅
　　　　刘如溪　罗兴波　沈林苣　田　田　王传超
　　　　余　君　张海新　张佳静

老科学家学术成长资料采集工程简介

老科学家学术成长资料采集工程（以下简称"采集工程"）是根据国务院领导同志的指示精神，由国家科教领导小组于2010年正式启动，中国科协牵头，联合中组部、教育部、科技部、工信部、财政部、文化部、国资委、解放军总政治部、中国科学院、中国工程院、国家自然科学基金委员会等11部委共同实施的一项抢救性工程，旨在通过实物采集、口述访谈、录音录像等方法，把反映老科学家学术成长历程的关键事件、重要节点、师承关系等各方面的资料保存下来，为深入研究科技人才成长规律，宣传优秀科技人物提供第一手资料和原始素材。

采集工程是一项开创性工作。为确保采集工作规范科学，启动之初即成立了由中国科协主要领导任组长、12个部委分管领导任成员的领导小组，负责采集工程的宏观指导和重要政策措施制定，同时成立领导小组专家委员会负责采集原则确定、采集名单审定和学术咨询，委托科学史学者承担学术指导与组织工作，建立专门的馆藏基地确保采集资料的永久性收藏和提供使用，并研究制定了《采集工作流程》《采集工作规范》等一系列基础文件，作为采集人员的工作指南。截至2016年6月，已启动400多位老科学家的学术成长资料采集工作，获得手稿、书信等实物原件资料73968件，数字化资料178326件，视频资料4037小时，音频资料4963小时，具有重要的史料价值。

采集工程的成果目前主要有三种体现形式，一是建设"中国科学家博物馆网络版"，提供学术研究和弘扬科学精神、宣传科学家之用；二是编辑制作科学家专题资料片系列，以视频形式播出；三是研究撰写客观反映老科学家学术成长经历的研究报告，以学术传记的形式，与中国科学院、中国工程院联合出版。随着采集工程的不断拓展和深入，将有更多形式的采集成果问世，为社会公众了解老科学家的感人事迹，探索科技人才成长规律，研究中国科技事业的发展历程提供客观翔实的史料支撑。

总序一

中国科学技术协会主席 韩启德

老科学家是共和国建设的重要参与者，也是新中国科技发展历史的亲历者和见证者，他们的学术成长历程生动反映了近现代中国科技事业与科技教育的进展，本身就是新中国科技发展历史的重要组成部分。针对近年来老科学家相继辞世、学术成长资料大量散失的突出问题，中国科协于2009年向国务院提出抢救老科学家学术成长资料的建议，受到国务院领导同志的高度重视和充分肯定，并明确责成中国科协牵头，联合相关部门共同组织实施。根据国务院批复的《老科学家学术成长资料采集工程实施方案》，中国科协联合中组部、教育部、科技部、工业和信息化部、财政部、文化部、国资委、解放军总政治部、中国科学院、中国工程院、国家自然科学基金委员会等11部委共同组成领导小组，从2010年开始组织实施老科学家学术成长资料采集工程。

老科学家学术成长资料采集是一项系统工程，通过文献与口述资料的搜集和整理、录音录像、实物采集等形式，把反映老科学家求学历程、师承关系、科研活动、学术成就等学术成长中关键节点和重要事件的口述资料、实物资料和音像资料完整系统地保存下来，对于充实新中国科技发展的历史文献，理清我国科技界学术传承脉络，探索我国科技发展规律和科技人才成长规律，弘扬我国科技工作者求真务实、无私奉献的精神，在全社会营造爱科学、学科学、用科学的良好氛围，是一件很有意义的事情。采集工程把重点放在年龄在 80 岁以上、学术成长经历丰富的两院院士，以及虽然不是两院院士、但在我国科技事业发展中作出突出贡献的老科技工作者，充分体现了党和国家对老科学家的关心和爱护。

自 2010 年启动实施以来，采集工程以对历史负责、对国家负责、对科技事业负责的精神，开展了一系列工作，获得大量反映老科学家学术成长历程的文字资料、实物资料和音视频资料，其中有一些资料具有很高的史料价值和学术价值，弥足珍贵。

以传记丛书的形式把采集工程的成果展现给社会公众，是采集工程的目标之一，也是社会各界的共同期待。在我看来，这些传记丛书大都是在充分挖掘档案和书信等各种文献资料、与口述访谈相互印证校核、严密考证的基础之上形成的，内中还有许多很有价值的照片、手稿影印件等珍贵图片，基本做到了图文并茂，语言生动，既体现了历史的鲜活，又立体化地刻画了人物，较好地实现了真实性、专业性、可读性的有机统一。通过这套传记丛书，学者能够获得更加丰富扎实的文献依据，公众能够更加系统深入地了解老一辈科学家的成就、贡献、经历和品格，青少年可以更真实地了解科学家、了解科技活动，进而充分激发对科学家职业的浓厚兴趣。

借此机会，向所有接受采集的老科学家及其亲属朋友，向参与采集工程的工作人员和单位，表示衷心感谢。真诚希望这套丛书能够得到学术界的认可和读者的喜爱，希望采集工程能够得到更广泛的关注和支持。我期待并相信，随着时间的流逝，采集工程的成果将以更加丰富多样的形式呈现给社会公众，采集工程的意义也将越来越彰显于天下。

是为序。

总序二

中国科学院院长　白春礼

由国家科教领导小组直接启动，中国科学技术协会和中国科学院等12个部门和单位共同组织实施的老科学家学术成长资料采集工程，是国务院交办的一项重要任务，也是中国科技界的一件大事。值此采集工程传记丛书出版之际，我向采集工程的顺利实施表示热烈祝贺，向参与采集工程的老科学家和工作人员表示衷心感谢！

按照国务院批准实施的《老科学家学术成长资料采集工程实施方案》，开展这一工作的主要目的就是要通过录音录像、实物采集等多种方式，把反映老科学家学术成长历史的重要资料保存下来，丰富新中国科技发展的历史资料，推动形成新中国的学术传统，激发科技工作者的创新热情和创造活力，在全社会营造爱科学、学科学、用科学的良好氛围。通过实施采集工程，系统搜集、整理反映这些老科学家学术成长历程的关键事件、重要节点、学术传承关系等的各类文献、实物和音视频资料，并结合不同时期的社会发展和国际相关学科领域的发展背景加以梳理和研究，不仅有利于深入了解新中国科学发展的进程特别是老科学家所在学科的发展脉络，而且有利于发现老科学家成长成才中的关键人物、关键事件、关键因素，探索和把握高层次人才培养规律和创新人才成长规律，更有利于理清我国科技界学术传承脉络，深入了解我国科学传统的形成过程，在全社会范围内宣传弘扬老科学家的科学思想、卓越贡献和高尚品质，推动社会主义科学文化和创新文化建设。从这个意义上说，采集工程不仅是一项文化工程，更是一项严肃认真的学术建设工作。

中国科学院是科技事业的国家队，也是凝聚和团结广大院士的大家庭。早在1955年，中国科学院选举产生了第一批学部委员，1993年国务院决定中国科学院学部委员改称中国科学院院士。半个多世纪以来，从学部委员到院士，经历了一个艰难的制度化进程，在我国科学事业发展史上书写了浓墨重彩的一笔。在目前已接受采集的老科学家中，有很大一部分即是上个世纪80、90年代当选的中国科学院学部委员、院士，其中既有学科领域的奠基人和开拓者，也有作出过重大科学成就的著名科学家，更有毕生在专门学科领域默默耕耘的一流学者。作为声誉卓著的学术带头人，他们以发展科技、服务国家、造福人民为己任，求真务实、开拓创新，为我国经济建设、社会发展、科技进步和国家安全作出了重要贡献；作为杰出的科学教育家，他们着力培养、大力提携青年人才，在弘扬科学精神、倡树科学理念方面书写了可歌可泣的光辉篇章。他们的学术成就和成长经历既是新中国科技发展的一个缩影，也是国家和社会的宝贵财富。通过采集工程为老科学家树碑立传，不仅对老科学家们的成就和贡献是一份肯定和安慰，也使我们多年的夙愿得偿！

鲁迅说过，"跨过那站着的前人"。过去的辉煌历史是老一辈科学家铸就的，新的历史篇章需要我们来谱写。衷心希望广大科技工作者能够通过"采集工程"的这套老科学家传记丛书和院士丛书等类似著作，深入具体地了解和学习老一辈科学家学术成长历程中的感人事迹和优秀品质；继承和弘扬老一辈科学家求真务实、勇于创新的科学精神，不畏艰险、勇攀高峰的探索精神，团结协作、淡泊名利的团队精神，报效祖国、服务社会的奉献精神，在推动科技发展和创新型国家建设的广阔道路上取得更辉煌的成绩。

总序三

中国工程院院长 周 济

由中国科协联合相关部门共同组织实施的老科学家学术成长资料采集工程，是一项经国务院批准开展的弘扬老一辈科技专家崇高精神、加强科学道德建设的重要工作，也是我国科技界的共同责任。中国工程院作为采集工程领导小组的成员单位，能够直接参与此项工作，深感责任重大、意义非凡。

在新的历史时期，科学技术作为第一生产力，已经日益成为经济社会发展的主要驱动力。科技工作者作为先进生产力的开拓者和先进文化的传播者，在推动科学技术进步和科技事业发展方面发挥着关键的决定的作用。

新中国成立以来，特别是改革开放30多年来，我们国家的工程科技取得了伟大的历史性成就，为祖国的现代化事业作出了巨大的历史性贡献。两弹一星、三峡工程、高速铁路、载人航天、杂交水稻、载人深潜、超级计算机……一项项重大工程为社会主义事业的蓬勃发展和祖国富强书写了浓墨重彩的篇章。

这些伟大的重大工程成就，凝聚和倾注了以钱学森、朱光亚、周光召、侯祥麟、袁隆平等为代表的一代又一代科技专家们的心血和智慧。他们克服重重困难，攻克无数技术难关，潜心开展科技研究，致力推动创新发展，为实现我国工程科技水平大幅提升和国家综合实力显著增强作出了杰出贡献。他们热爱祖国，忠于人民，自觉把个人事业融入到国家建设大局之中，为实现国家富强而不断奋斗；他们求真务实，勇于创新，用科技为中华民族的伟大复兴铸就了辉煌；他们治学严谨，鞠躬尽瘁，具有崇高的科学精神和科学道德，是我们后代学习的楷模。科学家们的一生是一本珍贵的教科书，他们坚定的理想信念和淡泊名利的崇高品格是中华民族自强不息精神的宝贵财富，永远值得后人铭记和敬仰。

通过实施采集工程，把反映老科学家学术成长经历的重要文字资料、实物资料和音像资料保存下来，把他们卓越的技术成就和可贵的精神品质记录下来，并编辑出版他们的学术传记，对于进一步宣传他们为我国科技发展和民族进步作出的不朽功勋，引导青年科技工作者学习继承他们的可贵精神和优秀品质，不断攀登世界科技高峰，推动在全社会弘扬科学精神，营造爱科学、讲科学、学科学、用科学的良好氛围，无疑有着十分重要的意义。

中国工程院是我国工程科技界的最高荣誉性、咨询性学术机构，集中了一大批成就卓著、德高望重的老科技专家。以各种形式把他们的学术成长经历留存下来，为后人提供启迪，为社会提供借鉴，为共和国的科技发展留下一份珍贵资料。这是我们的愿望和责任，也是科技界和全社会的共同期待。

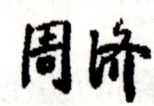

周济

朱兆良

朱兆良院士在封丘长期试验田给小组成员讲解试验情况
（前排左一王慎强、左二朱兆良，左三周凌云）

采访朱兆良的同事及单位领导张绍林
（前排左一李群、左二张绍林，后排左一雷芸、左二慕亚芹、左三周慧）

目 录

老科学家学术成长资料采集工程简介

总序一 ……………………………………………………… 韩启德

总序二 ……………………………………………………… 白春礼

总序三 ……………………………………………………… 周 济

导 言 …………………………………………………………… 1

| **第一章** | **曲折求学路** ……………………………………… 8

　　从小学到职校 ………………………………………………… 8
　　坚持学习志向 ………………………………………………… 12

| **第二章** | **步入土壤科学殿堂** ……………………………… 17

　　土壤学家的摇篮 ……………………………………………… 18

从化学到土壤化学 ………………………………………… 19
　　探讨农民丰产施肥经验 …………………………………… 22

第三章 | 开启土壤氮素研究大门 …………………………… 27

　　带领氮素研究团队 ………………………………………… 27
　　下放农村 …………………………………………………… 33
　　再次扬帆起航 ……………………………………………… 34

第四章 | 土壤氮素的系统研究 ……………………………… 42

　　土壤供氮能力研究 ………………………………………… 42
　　农田化学氮肥去向研究 …………………………………… 53
　　主要农田系统氮素行为及利用研究 ……………………… 64

第五章 | 开创肥料长期试验 ………………………………… 77

　　三次全国性氮、磷、钾化肥肥效试验 …………………… 78
　　国内早期长期试验 ………………………………………… 81
　　创建封丘长期试验 ………………………………………… 83

第六章 | 心系国家粮食安全和环境保护 …………………… 91

　　参政议政，心系国家粮食安全 …………………………… 91
　　防治农业面源污染 ………………………………………… 96

第七章 | 积极开展学术交流与合作 ………………………… 100

　　国外学术交流与合作 ……………………………………… 100
　　国内学术交流 ……………………………………………… 107

　　　　组织编写学术专著 ································· 116

第八章 | 当选院士与学术传承 ························· 125

　　　　荣获陈嘉庚农业科学奖 ···························· 125
　　　　当选中国科学院院士 ······························ 127
　　　　学术思想的传承 ·································· 128
　　　　严师出高徒 ······································ 133
　　　　桃李满天下 ······································ 135
　　　　特点鲜明的学术风格 ······························ 138

第九章 | 充满爱的家 ··································· 144

　　　　平凡幸福的大家庭 ································ 145
　　　　植根爱的土壤 ···································· 148

结　语 ··· 152

附录一　朱兆良年表 ··································· 158

附录二　朱兆良主要论著目录 ··························· 180

参考文献 ··· 189

后　记 ··· 193

图片目录

图 1-1	初中二年级第一学期成绩记载表	10
图 1-2	青岛高级工业职业学校毕业照	11
图 1-3	山东大学农学院 1949 年入学名单	12
图 1-4	在山东农业大学与部分同学合影	13
图 1-5	山东大学化学系 1953 年毕业生名单	14
图 1-6	朱兆良大学时期学籍卡	15
图 1-7	山东大学校友会来访	16
图 1-8	山东大学 1953 年毕业生调查简表	16
图 2-1	土壤所五位院士在开放实验室会议室	20
图 2-2	朱兆良在江西甘家山的工作笔记	21
图 2-3	常熟蹲点时朱兆良的工作笔记	23
图 2-4	朱兆良在江苏常熟野外工作的记录簿	23
图 3-1	氮组全体成员合影	28
图 3-2	苏南熟制改革调研笔记本	35
图 3-3	太湖地区高产土壤的培育和合理施肥研究获得国家科学技术进步奖二等奖证书	38
图 4-1	稻田土壤的供氮能力和氮肥施用量的推荐获国家科学技术进步奖二等奖证书	50
图 4-2	水稻施氮量和氮肥损失的关系	52
图 4-3	田间微气象法测定氨挥发试验	55
图 4-4	河南封丘田间观测稻田氨挥发安装调试设备	57
图 4-5	朱兆良在河南封丘站实验室内对氨挥发进行测试	58
图 4-6	稻田氮肥去向图	59
图 4-7	稻田节氮水肥综合管理技术成果证书	61
图 4-8	自然科学基金重大项目验收会现场	65

图 4-9	农田中氮肥去向与施氮量的关系	73
图 4-10	水稻、小麦、玉米的氮肥利用率和损失率与施氮量的关系	75
图 4-11	太湖地区和华北平原大气干湿沉降和灌溉水输入农田的氮素数量	75
图 4-12	朱兆良对农田化肥 N 系统研究路线图	76
图 5-1	与澳大利亚学者讨论稻田氨挥发	87
图 5-2	封丘长期试验的试验田	88
图 6-1	中国种植业非点源污染控制对策研究课题专家合影	97
图 7-1	在中国驻古巴大使馆前	101
图 7-2	朱兆良和同事参观古巴动物营养所畜牧试验站	102
图 7-3	朱兆良陪熊毅先生访问日本	105
图 7-4	朱兆良在澳大利亚堪培拉访问 CSIRO 土壤所	106
图 7-5	朱兆良与澳大利亚友人 John Freney	107
图 7-6	朱兆良参加第一次全国氮素工作会议留影	108
图 7-7	在第三次国际氮素大会上签署"南京宣言"	112
图 7-8	《中国土壤氮素》封面	120
图 8-1	朱兆良获得陈嘉庚农业科学奖	126
图 8-2	朱兆良在人民大会堂参加陈嘉庚奖颁奖大会	127
图 8-3	朱兆良在北京出席院士大会	128
图 8-4	在土壤所图书馆	130
图 8-5	朱兆良接待澳大利亚土壤学教授 John McGarity	132
图 8-6	朱兆良在办公室查阅资料	134
图 8-7	朱兆良参观澳大利亚议会大厦	136
图 9-1	在青岛与兄弟姐妹聚会	147
图 9-2	朱兆良夫妇与兄弟姐妹在南京家里	147
图 9-3	朱兆良与妻子牟润生在土壤所内合影	148
图 9-4	朱兆良与夫人牟润生及四岁女儿朱竞合影	149
图 9-5	全家福	149
图 9-6	朱兆良在家里墙上为方便夫人行走安装的扶手	150
图 9-7	朱兆良八十大寿时的全家福	151

导言

传主简介

朱兆良，植物营养学家，中国科学院南京土壤研究所研究员，博士生导师。1932年8月21日出生于山东青岛。小学就读于明德小学（现青岛市德县路小学），初中就读于礼贤中学，高中就读于青岛高级工业职业学校化工科。1949年以同等学力考取山东大学，入农学院农艺系，1950年9月转到理学院化学系，1953年毕业，9月到中科院南京土壤研究所工作，此后一直在该所从事植物营养方面的研究工作。1993年，获陈嘉庚农业科学奖，并于同年当选为中国科学院院士（生物学部学部委员）。

朱兆良从事植物营养研究六十多年，在协调农业发展与环境保护的氮素管理理论和技术发展等方面作出重大贡献，是我国土壤氮素研究领域的带头人与开拓者。他建立了用土壤矿化铵 ^{15}N 丰度作为参比值，测定水稻全生育期间非共生固氮量的方法；首次对稻田土壤的供氮能力进行定量解析，指出无氮区水稻的吸氮量中非土壤来源以及耕层以下土壤来源的氮量所占比例较大且变异很大，因而仅用耕层土壤的矿化能力难以预测土壤的供氮量；论证了氮肥对土壤氮素矿化的激发作用（priming effect）只是一种表观现象而并无净激发（net priming effect），因此应采用差值法的氮肥利用率作为评价氮肥生产效用；研究了农田土壤中氮肥去向问题，论证各种因素对氮肥损失的影响，提出稻田减少氮肥损失的施用原则；阐明稻田土壤供氮特性"早发"和"晚发"机理，对指导江苏太湖地区耕作制调整和合理施肥作出重要贡献；研究高度集约栽培条件下的养分协调问题，提出控制氮肥施用量和重视其他肥料配合施用的建议；对我国农业生态系统中的氮素循环进行长期研究，初步确定有关参数，从氮素循环的角度为我国农业的可持续发展提供了基本依据。

六十多年来，朱兆良共发表论文一百五十多篇，主编及参编学术专著十部，成绩显著，硕果累累。他主持的"稻田土壤的供氮能力和氮肥施用量的推荐"项目以及参与的"太湖地区高产土壤的培育和合理施肥的研究"项目获国家科学技术进步奖二等奖；与文启孝合作编著的《中国土壤氮素》一书，获1991年度华东地区优秀科技图书奖二等奖，并于1997年在荷兰公开出版了英文版。朱兆良是国际氮素启动项目（INI）专家组的首位中国成员，曾担任国际土壤学会水稻土肥力组主席、第三届国际氮素大会主席和国际科联环境问题科学委员会（SCOPE）"全球氮素循环和迁移"课题的科学顾问委员，合作编写《中国土壤氮素》的英文版深受国外专家学者的好评，是一位具有国际学术地位的科学家。

采 集 过 程

2014年6月接受采集任务之后，组成采集小组，成员有南京农业大学李群教授、江苏大学慕亚芹博士、中国科学院南京土壤研究所庄舜尧副研究员、朱竞女士等。小组成员分工合作，共同完成了这次采集任务。

访谈

一般在访谈前的一两天把设计好的访谈提纲发给受访人，让受访人有充分准备的时间，如果有异议，将根据受访人的建议修改访谈提纲，为的是能够获得更有价值的资料。采集小组前后访谈了朱兆良的哥哥，朱兆良工作单位中国科学院南京土壤研究所的有关领导、同事、学生，以及朱兆良的家人（女儿），共计七人。采访时长九百一十分钟，其中直接访问朱先生十次共四百九十四分钟。还走访调研了朱兆良曾经就读的青岛市第九中学、德县路小学、山东大学、朱兆良开展大量试验的中国科学院封丘农业生态实验站和中国科学院常熟农业生态试验站。

朱兆良身体健康，对他的直接访谈主要在其办公室完成。访谈的内容主要围绕其家世、求学经历、1953年大学毕业后到土壤所工作后所面临的问题、1961年担任农化室氮组组长后开始全面系统的土壤氮素研究过程、"文化大革命"期间的经历、1973年回南京土壤研究所后的科研工作等。每次访谈之前都会把访谈提纲列出来，然后通过电子邮件发给他，这样便于朱先生事先对访谈内容做准备，也便于采集小组采集有效信息。

朱兆良面对自己在土壤氮素领域的成绩非常谦虚。为全面、系统了解朱兆良的学术成长，采集小组也做了大量的间接访谈。采访对象有曾经的领导张绍林、同事邢光熹和蔡贵信、学生陈德立（现住澳大利亚）、颜晓元（南京土壤所）以及女儿朱竞。我们还通过邮件和他的学生王连峰（大连交通大学）、王贤忠（现居住在美国）、倪吾钟（浙江大学）联系。通过对他们的访谈，我们对朱兆良的生活、工作各方面有了全面、深入的了解。

资料采集

朱兆良于1953年大学毕业，至今一直在中国科学院南京土壤研究所工作，我们采集的实物资料绝大部分都是来自中科院南京土壤所。2014年10—12月份，采集小组到朱兆良办公室，把办公室的资料柜重新整理一遍。通过这次整理工作，我们采集到了朱兆良的工作笔记、学习笔记、手稿、手绘图表、胶片课件、书信、科研档案等。南京土壤所档案室留存了朱兆良大量的科研档案，经过协商和沟通，我们也获得了相关的科研档案，如1962年度麦田土壤氮素变化、1962年南京土壤研究所华南红壤区农业化学有关氮素形态方面研究工作、稻田中化肥氮的损失、稻田节氮的水肥综合管理技术及其依据、稻田中化肥氮的损失评审意见书、稻田中化肥氮的损失盆栽试验资料等。这些珍贵的科研档案一方面帮助我们从纵向上梳理朱兆良六十多年的科研道路的不断深化、细化，另一方面也让我们从横向上看到朱兆良科研范围、工作视野不断扩大。

除在朱兆良办公室及南京土壤研究所档案室获得一些珍贵的实物资料

外，采集小组还到青岛德县路小学、青岛市第九中学实地调研，到济南山东大学查阅朱兆良大学时期的档案资料。我们采集到了朱兆良初二时期的成绩记载表，大学时期的入学花名册、学籍、毕业就业意向调查表等珍贵资料。我们还实地调研他曾经开展田间试验的地方，如中国科学院常熟农业生态实验站、中国科学院封丘农业生态实验站。通过调研，采集小组成员亲身感受到了土壤学家朱兆良院士淡泊名利和对科学孜孜以求的精神。

朱兆良在其学术生涯中公开发表大量的论文，在此次采集过程当中，我们采集到一百五十多篇。①论文 PDF 电子本。现在许多学报都电子化，且在二十世纪五十年代后所出版的刊物大部分也已经电子化，我们小组成员从多个数据库中，将其论文检出，按照论文发表年代排列。②部分论文的抽印本。在论文发表之时，许多杂志社一般要给作者提供若干论文的抽印本。我们在整理朱先生办公室的资料时，发现一些抽印本，也将它们全部归并在一起。

采集工作是一个连续进行的过程，资料也不是短时间内就可以穷尽。其一，采集手稿原件都是来自朱先生办公室，其他的由于各种原因没有采集到；其二，朱先生书信搜集不够，即使我们走访了一些人士，但是收获不多，仅得到别人写给他的信件，所以还需要持续跟踪并扩大范围。

采 集 成 果

学习与工作记录簿

我们共采集到从 1958 年到 2000 年共二十五本各种工作记录簿、调研资料、学习笔记、论文摘要本等一手资料。这些资料中二十世纪五十年代的有三本、六十年代有五本、七十年代有六本、八十年代有七本、九十年代有三本。比较珍贵的有 1958 年 4 月在江西兴国和江苏常熟野外工作记录簿，1958 年 11 月江苏常熟野外工作记录簿、1959 年 6 月江苏常熟野外工作记录簿、1974 年 3 月和 1975 年 4 月对苏南熟制改革进行调研的记录本。

来往书信

这次我们采集到朋友、同行写给朱兆良的书信共计四十四封。比较珍贵的有江西兴国县殷福社 1958 年写给朱兆良的信，该信是当地村委主任给朱兆良在进行农业生产调研时所留便条的回复。① 主要内容是感谢朱兆良对当地耕地施肥的指导，朱兆良与同事的工作大大促进了当地农作物的丰收，进而改善了社员物质生活。

1972年黄自立写给朱兆良的信，主要内容是黄自立②向朱兆良解释没有黄土高原土壤和耕作土壤的C、N及C/N的资料的原因，对朱兆良所计划编写的《中国土壤》一书的"土壤氮素"一章表示肯定和期待，表达了对南京的怀念，希望朱兆良以后能向他介绍有关土壤研究的资料。

1975年彭琳③写给朱兆良的信，主要内容是介绍自己近期的活动，如到昆明参加红壤改良利用经验交流会和科研协作会议，后又到侯光炯先生工作点参观，现在已经将朱兆良请彭祥林带去的信看完，并按照朱兆良的要求把黄土区N、C资料整理好了并一起邮寄给他。信中另外还提出了土壤氮素一章的写作意见即：加强生产性的内容也就是如何改善土壤氮素状况，并且还要反映当时我国农业生产水平的内容。

1981年西南农学院杨德顺写给朱兆良的信，主要内容是讲听了朱兆良讲课录音收获很大，并提到自己在氮素研究方面已经做的工作和以后将要做的工作。最后希望朱兆良能够去信指导他们工作，最好能够列出一些研究题目好让当地的研究人员能够有针对性的开展研究工作等。

照片

此次我们共采集照片一百一十九张，每一张照片朱先生都帮助我们注明人物的姓名、合影时间等内容。比较珍贵的有1949年青岛市私立高级工业职业学校化工科第二级全体同学毕业照，1956年与妻子牟润生在土壤所大院内拍摄的照片，1965年7月2日在中国驻古巴大使馆前拍摄的照片，1980年3月与熊毅先生访问日本并与日本土壤学家菅野、川濑等人的合影。

手稿

我们共收集朱先生的手稿原件二百零八件，计五千二百四十一页。其中五十年代的有一件，六十年代有四件、七十年代有五十四件、八十年

---

① 1958年春天朱兆良参加江西农村合作社调整，工作结束后留了一张表格给当地的合作社。
② 黄自立，原在南京土壤研究所工作，二十世纪六十年代调到中国农业科学院陕西分院工作。
③ 彭琳与朱兆良一起进土壤所工作，后调到中国科学院西北水土保持生物土壤研究所工作。

代有六十二件。比较珍贵的有 1959 年土壤机械分析记录表常麦、1960 年土壤机械分析记录表常肥、1961 年土壤氮素文献资料分类摘要、1975 年苏南化肥胃口大小试验各种记录表、1979 年江苏省土壤学会会议记录本、1990 年黄淮海平原潮土的养分供应能力和化肥经济施用研究项目申报书、"七五"攻关课题总结以及《中国土壤氮素》部分章节的手稿等。

证书和聘书类

小组共采集有关证书聘书七十四份，其中比较重要的有 1987 年和 1990 年获得的国家科学技术进步奖二等奖证书、1991 年获得的中国科学院科学技术进步奖一等奖证书和 1993 年获得陈嘉庚农业科学奖证书等。

研究思路与写作框架

朱兆良既没有研究生学历，也没有留学背景，有的就是自己对专业的热爱、执着、认真和严谨以及对国家建设贡献自己一份力量的爱国之情。他对我国土壤氮素研究作出了突出的贡献。

本书将朱兆良学术成长经历置于中国土壤氮素学科发展背景之中，放在中国农业发展大背景之下予以探讨，力求从原始资料出发，探寻传主学术成长历程。

本书以朱兆良对土壤氮素—植物营养的研究为主线，共分为九章。第一章曲折求学路，主要叙述朱兆良曲折的求学历程，包括他坎坷的小学、中学和职业教育以及上大学时期跨学院转专业的求学经历。第二章步入土壤科学殿堂，主要介绍土壤所发展历史，朱兆良入职土壤研究所后在专业与职业之间做出的艰难选择，以及他在这一过程中获得老一辈科学家帮助和自己内心历程的转变，同时介绍了朱兆良在探讨丰产施肥经验时所做的工作及取得的研究成果。第三章叙述了朱兆良研究土壤氮素起步阶段的工作。叙述了他在六十年代带领土壤研究所氮课题组从认识土壤氮素开始，到对其有系统认识并取得一些研究成果，同时还介绍了朱兆良在七十年代下放农村时的一些情况。第四章叙述了朱兆良对土壤氮素进行的系统研究，主要从土壤供氮能力和氮肥去向两方面阐述朱兆良在植物营养研究领域作出的卓越贡献和取得的突出成就。这部分内容在时间段上包含了从七十年代朱兆良返城后到二十一世纪初他在土壤氮素研究领域取得的巨大成就，具体包括在不同地区对土壤供氮的研究，从太湖地区到黄淮海平原地区对土壤氮素去向的研究，在理论研究的基础上他还提出了相应的施肥技术。第五章阐述了朱兆良在建立独特的肥料长期试验方面做出的努力，主要包括三次全国性的短期试验，国内早期长期试验，朱兆良与钦绳武借鉴国内外长期试验经验，并结合国情建立的封丘长期试验。第六章叙述了朱兆良对中国粮食安全和农业污染问题的关注，重点介绍了氮的"双面性"，朱兆良立足专业研究对保障中国粮食安全提出自己的建议，他还通过调研和对土壤氮素的研究提出控制和治理我国农业污染难点。第七章重点介绍朱兆良在学术交流方面做的工作及取得成绩。他积极参与国内外的学术交流与合作。他从七十年代末开始参加国外土壤氮素学术会议，出访过泰国、日本、澳大利亚、菲律宾、马来西亚、印度、美国、德国等国家。国内举办的两次土壤氮素学术会议，朱兆良都是组织者。另外，他还与文启孝组织编写了国内第一本土壤氮素研究领域的学术专著，受到国内外广泛好评。第八章主要介绍朱兆良获得学术成就及其传承，介绍他获得陈嘉庚农业科学奖和评为院士的情况，以及在学术成长道路上李庆逵给他的帮助、朱兆良的学生对其学术的传承。第九章主要介绍他充满爱的家庭，在他的家庭里，父亲是他的标杆、哥哥是他学业上的启蒙老师，也是上大学时期关键的带领者。结婚后与妻子牟润生谱写执子之手与子偕老的爱情佳话。正是生活在充满爱的家庭，朱兆良从懵懂少年成长为有为青年，成长为爱国科学家。结语部分对朱兆良的学术风格进行了总结。

第一章
曲折求学路

朱兆良出生于动荡年月,其求学路上的曲折与艰辛是今天的我们无法体会到的。这期间他发现了自己的兴趣爱好,并坚持自己的学业志向,他以乐观的态度完成了自己学业。

从小学到职校

朱兆良的启蒙教育是由哥哥朱利朝在家里利用小黑板完成的。朱兆良深有感触地说道:"也不知他从哪里搞来一块小黑板,每天教我们一些算术什么的,学不会还不行。哥哥上初中后,回家还教我们学习英语。"[1]

1938年9月,朱兆良入明德小学。

明德小学源于德国天主教传教士白明德于1900年创建的德华学校,位于斯泰尔修会圣言会馆的东边(德县路14号)。是青岛开埠初期教会开办最早的正规学校。明德学校最初只是一所男童小学,初创时设有三个班。

---

[1] 朱兆良访谈,2014年9月10日,南京。资料存于采集工程数据库。

朱兆良入学时，学校已有教员七人，学生一百五十九人。校长是翁格满，学校开设国语、算术、公民、历史、地理、自然、图画、音乐、体育、劳作、团体训练十一门功课。① 由于教学质量较好，学校周围的居民都乐意把孩子送到该校接受教育。

日本侵占青岛后施行奴化教育，所有的学生都被迫学习日语。朱兆良说："学生在情感上都不愿意学习日语，甚至嘲笑日语成绩好的同学，称其为'小汉奸'。"②

由于学校师生的抵抗，明德小学停办，朱兆良转入离家较远的三江小学。三江小学是由三江会馆设立的。三江会馆成立于1907年，为江苏、浙江、安徽三省商人共建，馆址位于四方路；后来江西省加入，亦称苏浙皖赣会馆。

一年后，明德小学复课，朱兆良从三江小学转回明德小学。1945年7月，朱兆良从明德小学毕业。

1945年9月，朱兆良入礼贤中学读初中。

时至今日，礼贤中学已经为国家培养了八位院士，分别是王大珩（中国科学院长春光学精密机械研究所）、陈秉聪（吉林工业大学）、戚颖敏（煤科总院抚顺分院通风所）、朱兆良（中国科学院南京土壤研究所）、曲钦岳（南京大学）、高从堦（浙江工业大学海洋学院）、谢立信（山东省医学科学院）、解思深（中国科学院物理研究所）。③ 因此，礼贤中学（后更名为青岛市第九中学）也被称为院士的摇篮。

礼贤中学由德国传教士卫礼贤创办于1900年。

到1946年，礼贤中学已经是有四十五年历史的名校了，当时的校长是刘铨法。刘校长管理有方，治学严谨，礼贤中学的学生成绩优良，1946年全市中等学校会考，礼贤中学排名全市第一。礼贤中学优良的学风和高素质的老师对朱兆良的成长至关重要。

当时青岛正处于第二次国民政府时期，从外界大环境来说并不太平。朱

---

① 青岛市德县路小学提供，内部资料。

② 朱兆良访谈，2014年10月20日，南京。资料存于采集工程数据库。

③ 青岛市德县路小学提供，内部资料。

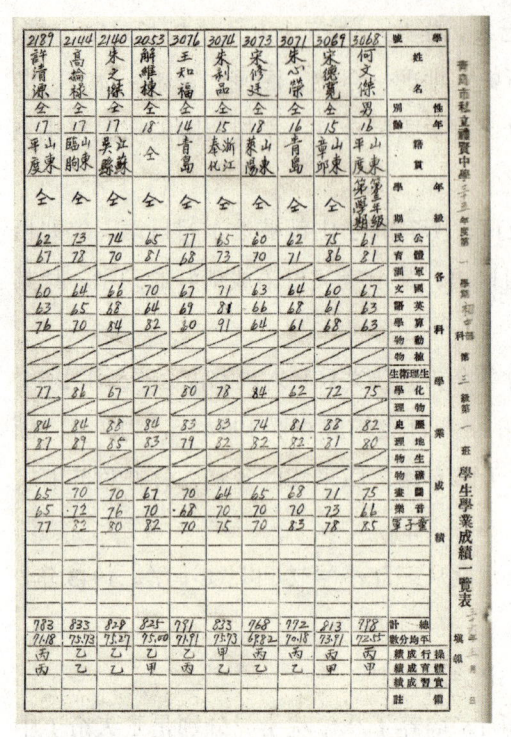

图1-1 初中二年级第一学期成绩记载表（原件藏于青岛第九中学，慕亚芹拍摄）

兆良在战争年代完成自己的学业。这一时期的礼贤师生，积极投身于中国共产党领导的"反饥饿、反内战"的爱国民主运动，也竭力维护学校的生存和发展。因为德国在第二次世界大战中战败，礼贤中学经费困难，难以为继，青岛政界的头面人物遂酝酿将其收归国有。学校董事会闻讯后即发表声明，称校方无意将卫礼贤博士创办的、已历时四十五载的礼贤中学出让，并向瑞士同善教会争取到了拨款，风波因此得以平息。

礼贤中学师资力量雄厚，办学理念先进，它的尊孔文社藏书楼也是非常出名的。

尊孔文社藏书楼是中国建立最早的现代图书馆之一，馆址在今上海路、城阳路口青岛九中院内，至今仍存。名为"楼"，实际是较高的单层建筑；虽称"尊孔"，建筑却是欧洲风格。尊孔文社藏书楼中外文图书兼备，古今并蓄，既有中国的经、史、子、集，也有外国的现代科学技术著作。劳乃宣曾在他的《青岛尊孔文社藏书楼记》一文中写道："德国卫君礼贤，以西人而读吾圣人之书，明吾圣人之道者也。时居青岛……与中国寓岛诸同仁结尊孔文社以讲求是人之道，议建藏书楼以藏经籍，同人乐赞其成。"藏书楼的匾额，由当时客寓青岛的恭亲王溥伟题写。[①]

朱兆良在礼贤中学，完成了初一和初二学业。这期间他动手做物理、化学试验，系统学习英语，培养了自己动手能力，同时也打下坚实的英语

---

① 青岛市政协文史资料委员会编：《青岛文物与名胜保护纪实》。青岛出版社，2000年，第120—122页。

基础。学校开设的课程有英语、算术、化学、历史、地理等,朱兆良成绩优良的科目有英语、算术和化学。在这一时期他逐渐感觉自己对理科的偏好,对一些死记硬背的东西则相对弱一些。

1947年暑假中的一天,朱兆良行走在青岛大街上,突然看到一则有关如何制造日用化学品的培训广告,主要是教学员学习制造肥皂、雪花膏之类的日用品。广告的内容让朱兆良感觉它和自己学一门技术的想法相吻合,因此就毫不犹豫地报名参加。① 通过培训班学习,他拿到结业证书,并于同年9月考入私立青岛高级工业职业学校化工科。

朱兆良学习化工的主要原因是当时社会上实业救国思潮的影响,生活经历也让他品尝了国家落后就要挨打的滋味。这也与他的家庭环境有关系,朱兆良的父亲是一名手艺人,靠着自己的缝纫技术养活一家人。

青岛高级工业职业学校是一所私立学校,有化工科、纺织科、机械科等。该学校重视培养学生实践动手能力,同时对文化知识也毫不放松。所

图1-2　青岛高级工业职业学校毕业照(后排左五朱兆良。朱兆良提供)

---

① 朱兆良访谈,2014年7月10日,南京。资料存于采集工程数据库。石元春编:《20世纪中国知名科学家学术成就概览·农学卷》(第四分册)。科学出版社,2013年,第196-205页。

用的教材有中华书局出版的高中英语读本，正中书局出版的高级中学三角学、高中平面几何学、物理学，中国科学仪器公司出版的最新实用化学，正中书局出版的高级中学公民、世界书局的高中新国文等。① 课程的设置一方面加强了学生的文化知识，另一方面也为学生的实践提供了理论保障。加上朱兆良在礼贤中学接受的扎实基础教育，所以他在这里一切都是顺心顺意。让他没有想到的是，在这里只学习一年就离开了。

1948 年夏，朱兆良陪哥哥到上海参加高考，在哥哥参加考试期间，他参加了江苏松江高级化学工业职业学校的入学考试，并被录取到造纸科。后来由于哥哥考上山东大学医学院而回青岛，家里人不放心让一个十几岁的孩子独自一人在外上学，所以又让他返回青岛。② 朱兆良回到青岛后，继续在原来的高级工业职业学校化工科学习。1949 年，朱兆良在哥哥的引导下参加国立山东大学招生考试，最终被录取到山东大学农学院的农艺系。

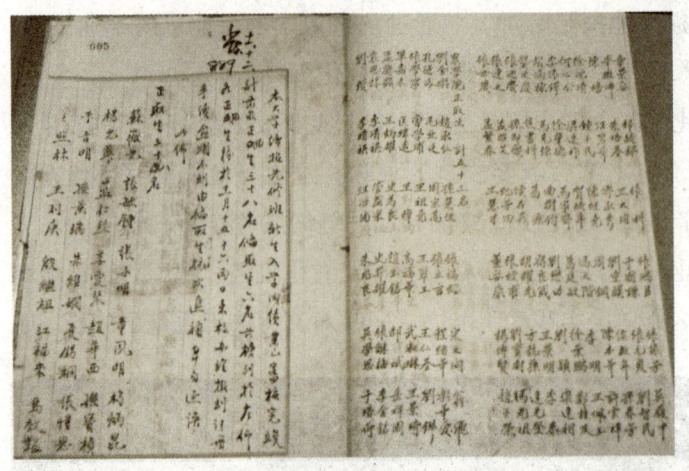

图 1-3　山东大学农学院 1949 年入学名单（原件藏于山东大学，慕亚芹拍摄）

坚持学习志向

参加高考时，朱兆良只负责学习和考试，报名及填写志愿等全由哥哥

---

① 青岛市档案馆，全宗号 B27，目录号 6，案卷号 3295。
② 朱利朝访谈，2014 年 8 月 12 日，青岛。资料存于采集工程数据库。

代劳，他自己根本不知道哥哥给他填报了什么专业，后来当他得知自己将要到农学院农艺系学习，而不是自己向往已久的理学院化学系学习时，心里很痛苦，甚至还抱怨哥哥的决定。因为当时他已经在职业学校学习化工两年，有一定的知识储备和化工实验动手能力了，最主要的是自己非常喜欢化工，觉得学这个可以实现自己的理想。后来哥哥告诉他，上大学一年后可以转专业，他可以通过这个渠道来实现自己的理想时，才消除他到农艺系学习的抵触情绪[①]。

朱兆良的哥哥说："这样做，是因为当时学农的人少，大家都想学理工科，都想搞工业，这样报考农学类的人就少，被录取概率就提高了。而国家又有可以转专业的政策，因此就先保证弟弟能够上大学，其他的等进了大学的门以后再说。如果连大学的门都进不了，根本没有机会谈学什么专业。"

1949年6月22日，青岛解放。9月，朱兆良入读当时在青岛的山东大学农学院农艺系。当时农艺系的教学重点是作物学，以土壤、肥料等相配合[②]。农艺系主任是李文庵，他在法国留学时为了填补国家在葡萄酒工业方面的空白而弃文从农，在"波勒"葡萄学校学习毕业后又到"哥洛乐波"农学院深造[③]。回国后，根据国家需要，他又带领教师注重与农业生产有关课程的讲授，而暂时放

图1-4 在山东农业大学与部分同学合影（2006年，左三朱兆良，朱兆良提供）

---

① 朱利朝访谈，2014年8月12日，青岛。资料存于采集工程数据库。
② 山东大学百年史编委会编：《山东大学百年史（1901-2001）》，山东大学出版社，2001年，第182页。
③ 朱梅：回忆李文庵教授，《葡萄栽培与酿酒》，1987年第2期，第43页。

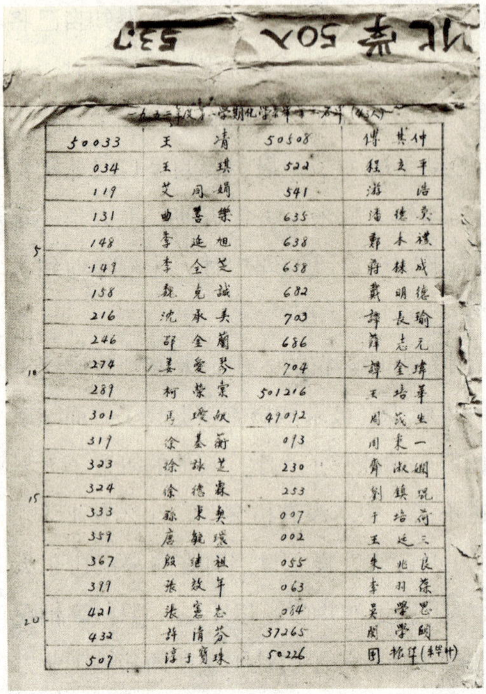

图 1-5 山东大学化学系 1953 年毕业生名单
（原件藏于山东大学，慕亚芹拍摄）

弃自己发展葡萄酒工业的理想。老师的这些行为也深深影响着自己的学生，朱兆良后来能够专心进行植物营养的研究与这些教师的影响也是分不开的。

朱兆良在农艺系顺利完成大学一年级的学业，但他确实不喜欢学习农学类科目，在所有课程中"农业概论"的成绩最低。他普通化学、普通物理实验、物理学成绩都比较好，因而坚定地要转到化学系继续自己的理想。

1950年9月，经过院系领导同意，朱兆良终于如愿转到理学院化学系，中断了一年，他又可以继续他的化学学习之路。

山东大学化学系师资实力比较雄厚，有教授三名、副教授两名、讲师八名、助教十八名，具有副高以上职称的教师占教师总数的17.9%。师资阵容也较整齐。系主任刘椽教授是美国伊利诺大学有机化学硕士，回国后曾任厦门大学教授、系主任、理学院院长等职。1947年，刘椽应聘到山东大学，担任化学系主任、总务处长，主讲有机化学。刘遵宪是留学美国的化学博士，专长理论化学和工业化学的研究，著有《理论化学教材》《原子核化学》。徐国宪教授留学日本，在电化学的教学与研究中也有一定的成就。其他教师如副教授阎长泰、尹敬执，讲师杜作栋、邓从豪、陈鸿宅、柳正辉、叶长龄、武际元等，在分析化学、有机硅化学量子化学和化学工艺等学科，也有一定的研究[①]。

---

① 山东大学百年史编委会编：《山东大学百年史（1901-2001）》。济南：山东大学出版社，2001年，第202页。

刘椽、刘遵宪等老师以自己渊博的知识奠定了朱兆良良好的化学基础，还让他逐步养成了追根究底，喜欢从理论上思考问题的习惯，也逐渐养成了从生产实践中提取问题，从理论上寻求解决问题的思维方式。朱兆良说："刘遵宪老师上课不翻看教案，一支粉笔把内容讲解清楚。课堂笔记就是一份条理清晰、逻辑严密的教案，我很喜欢刘老师授课方式，也很佩服他。"①

朱兆良在大学同学眼里是一位考前不复习的优秀生。山东大学当时还在青岛，一到周末朱兆良就回

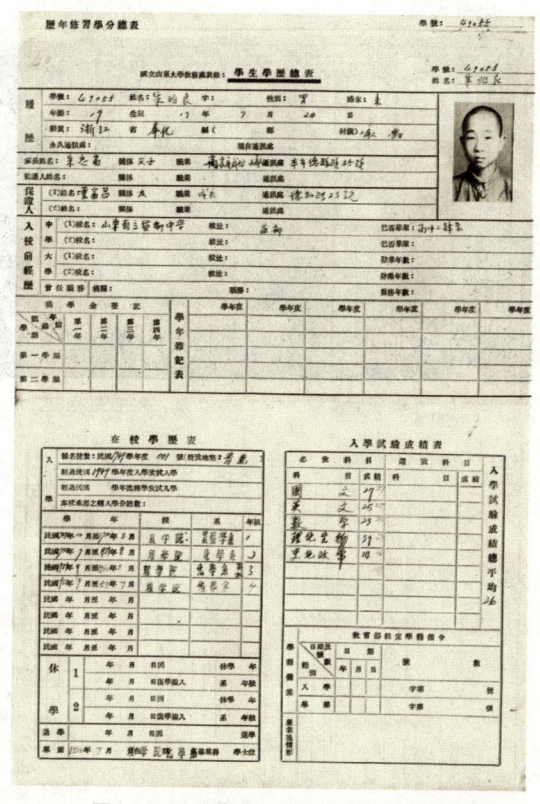

图 1-6 朱兆良大学时期学籍卡（原件藏于山东大学，慕亚芹拍摄）

家，即使要考试了也不改变，这让很多同学很是羡慕。一是羡慕他可以回家，二是羡慕他不复习也能把一些学起来比较困难的科目学得比较好。朱兆良说："这源于我在学校期间充分利用课堂时间，让自己始终跟着老师授课的思路，这样充分利用课堂时间。课下把相关内容的习题好好做完，做习题时再一次把老师讲解的内容消化吸收，这样就可以记住了。"②他说也就那么几条公式记住就可以了，不需要做考前复习的。由于方法得当，他不用疲于做大量的习题，而用省下的时间到图书馆去阅读大量的书刊，开阔自己的视野、掌握更多的信息。由于利用课余时间刻苦攻读了大量英文版化学理论的书籍，他慢慢对理论方面的知识产生了兴趣。

---

① 朱兆良访谈，2014 年 10 月 20 日，南京。资料存于采集工程数据库。
② 朱兆良访谈，2014 年 9 月 10 日，南京。存地同上。

大学期间除了学习之外，朱兆良也积极参加一些社团组织。他喜欢拉京胡，空闲时间就和同学一起娱乐一下。毕业的时候，他和同学一起组织表演了京剧《打渔杀家》，算是他们为同学们表演的毕业演出了。朱兆良对京剧的爱好一直保持，与其他娱乐项目比起来，他还是觉得京剧听起来有味道。由于京胡声音太大，怕吵着邻居，现在他在家里已经不拉京胡了，只是听一些经典片段，另外在老年活动中心偶尔拉拉二胡。曾在学生熊正琴主持的土壤所研究生元旦晚会上一显身手，2007年春节期间，农工党江苏省和南京市委员会联欢时朱兆良还和其他委员一起上台表演了一回。

1953年7月，朱兆良完成学业，从山东大学毕业。

图1-7　山东大学校友会来访（2012年，左四朱兆良，朱兆良提供）

图1-8　山东大学1953年毕业生调查简表（原件藏于山东大学，慕亚芹拍摄）

第二章
步入土壤科学殿堂

大学毕业的朱兆良被分配到中国科学院南京土壤研究所，从此，他踏上了土壤科研工作的征途。从事土壤学研究工作是朱兆良始料未及的，他一直抱有实业救国理想，大学时，他最想去华东地区的有机化学工厂。当得知自己将从事的工作与自己期望的工作不一样时，内心还是比较矛盾的。后来在于天仁[①]和李庆逵[②]两位领导及同事们的帮助下，特别是经过1958年在常熟蹲点，他才认识到农业在国民经济建设中的重要作用，明白自己的工作同样可以为国家经济发展作出贡献，才在内心深处认同自己的工作。

[①] 于天仁（1920-2004），山东省郓城县人，著名土壤化学家。1995年当选为中国科学院院士。曾任中国土壤学会土壤化学专业委员会主任，国际土壤学会土壤胶体表面工作组委员及 *Biology and Fertlity of Soils* 杂志编委。先后多次应邀赴德国、美国、加拿大访问讲学。1989年和1992年先后被加拿大萨斯喀彻温大学和美国印第安纳大学聘为客座教授。主编了《土壤电化学性质及其研究法》等十三部专著，发表中英文论文一百八十余篇，获国家级和中科院科技成果奖十余项。

[②] 李庆逵（1912-2001），浙江宁波人，著名土壤学家，中国科学院南京土壤研究所研究员，中国科学院院士。1948年获伊利诺伊大学农学院哲学博士学位，在国内外土壤学界享有崇高的声誉，他是第四届国际土壤学会（1950）副主席，1980年受聘为在荷兰出版发行的《肥料研究》(*Fertilizer Research*) 杂志编委，1987年获美国伊利诺伊大学农学院"著名科学家"称号，曾数次率领我国土壤学术代表团参加国际土壤会议。先后访问了古巴、日本、英国、法国、比利时、德国、美国、意大利和加拿大，为国际学术交流作出了重要贡献。

土壤学家的摇篮

二十世纪三十年代，地质调查所在所长翁文灏先生带领下，聘请国内外专家成立土壤研究室，开始对中国土壤进行系统的调查与研究，这是中国现代土壤科学研究的开端。因为国内一直没有好的科研环境，虽然有熊毅、李庆逵、侯光炯等学者的努力，并取得一些研究成果，但是与国际最高水平的差距还是很大。这一情况直到1953年南京土壤所成立后才有所改变，而朱兆良正好那年参加工作。

土壤研究室是我国土壤科学的孵化器，它在人才储备和工作作风等方面为其后土壤研究所的研究工作打下了坚实基础。

1953年6月，马溶之被任命为中国科学院土壤研究所所长。新建的土壤研究所系合并了四十年代成立的福建地质土壤调查所、江西地质调查所土壤研究室，研究技术人员有马溶之、熊毅、李庆逵、宋达泉、席承藩、朱显谟、于天仁、何金海、曾昭顺、刘铮、张续绵、吴以让、陈耕余、文振旺、程伯容、陈家坊、张同亮、张木匋、罗钟毓、张俊民、张修暄、胡祖光、张云等。① 李庆逵、于天仁成为朱兆良的领导、老师，特别是李庆逵可以说是他一辈子的良师益友。

合并成立的中国科学院土壤研究所位于南京，仍以原建制开展了三年恢复时期的土壤科学研究工作，包括黄泛区、橡胶土宜及黄土区治理预查等；同时，先后（包括建所初期）在江西甘家山、辽西章古台和陕西武功等地建立了试验站，以深入研究红壤、黄土及风沙土的改良利用。

二十世纪五六十年代，南京土壤研究所在"按人民政协共同纲领规定的文教政策，改革过去的科研机构，以期培养科学建设人才，使科学研究真正能够服务于国家的工业、农业、保健和国防事业的建设"的办院方针指引下，根据国家经济建设的需要，制定了"研究中国各种土壤中的化

---

① 中国科学院南京土壤研究所发展历程。http://www.issas.cas.cn/sqzt/index.htm。

学、物理、生物学性质及其肥力情况,为生产部门的土地利用和提高作物产量提供基本资料,并研究土壤科学中的理论问题"研究方向,开展了大量的土壤资源调查、土壤改良、肥力培育和合理施肥方面的工作。①

为加强理论与实践的结合,从建所伊始就注重试验基地的建设,建立了包括甘家山红壤试验站、章古台治沙试验站、武功黄土试验站、云南热带森林生物地理群落定位试验站、运村白土试验点、白茆综合观测试验点、里下河沤改旱试验点、盛水源试验点等,在这些站、点上,土壤所科技人员开展了大量的低产土壤改良、丰产土壤总结、土壤肥力培育、荒地开垦、治沙治碱的实验研究和定位观测,取得了丰富的第一手资料。

1953年,朱兆良从山东大学毕业后来到南京,进入刚刚成立的中国科学院土壤研究所,迈入一个陌生的城市和领域,同时也步入一个全新的学术殿堂。他在这里和南京土壤研究所共同走过了六十多年的历程,他见证了土壤所的发展,同时也把自己毕生的心血都奉献给了我国植物营养的研究工作。他与土壤氮素的缘分来自于李庆逵和于天仁两位前辈,特别是李庆逵在工作上的帮助和专业上的引导。

从化学到土壤化学

朱兆良来到土壤所后,当得知自己的工作与自己大学期间的期望不一致时,内心很有想法,这被年长他十多岁的领导于天仁看出。于天仁没有用大道理去说服朱兆良,而是帮他和上级部门联系,看看能不能调换工作。于天仁认为国家培养一个大学生不容易,国家正处于需要人才的紧要关头,能够专业对口是最好的。在等待的过程中,他让朱兆良做一些化学分析方面的工作,如改进已有的某个化学分析方法或者尝试利用以前没有用过的方法对土壤中一些元素进行分析。于天仁这样做一方面是发挥朱兆良化学

---

① 中国科学院南京土壤研究所发展历程。http://www.issas.cas.cn/sqzt/index.htm。

图 2-1 土壤所五位院士在开放实验室会议室（2000 年。左一朱兆良，左二于天仁，左三李庆逵，左四席承藩，左五赵其国。朱兆良提供）

专业特长，另一方面是让朱兆良在参与实际工作的过程中逐渐融进土壤所的工作环境中去，这样或许可以慢慢消除他的抵触心理，喜欢上自己所从事的工作。朱兆良说："他的这一做法会让一个年轻人安定下来。他让我做的都是我的专长，符合我对化学的兴趣爱好，不会感觉到是在从事自己不喜欢的工作。于天仁很高明，我很佩服。"①

与此同时，朱兆良在工作上还得到另一位领导李庆逵的很大帮助，李先生一方面帮他联系中国科学院，希望朱兆良能够调到自己喜欢的单位工作，另一方面在专业上对其进行引导，还告诉他"国际上有名的土壤学家很多都是学化学的"，学化学的在土壤领域也是大有用武之地的。为加强对包括朱兆良在内的农化室工作人员业务能力的培养，李庆逵还安排他们补学了矿物学和统计学等课程。另外还不时向他们提供国外文献，希望这些年轻人在学术上能够与国际同行保持一定的联系。

在李庆逵和于天仁两位前辈的帮助下，朱兆良在《土壤学报》上陆续发表了两篇论文，一篇为"用亚硝酸钠去铵的微量定钾法"，一篇为"植物和土壤提取液中钙镁微量快速分析法"。这充分证明了朱兆良的研究能力。

1955 年，朱兆良被安排到微量元素组，进行微量元素的研究。当时这项工作在国内还是空白，朱兆良在查阅文献时了解到，在缺乏某种微量元素的土壤上，施用该种元素的肥料可获得很好的增产效果，这极大地提高

---

① 朱兆良访谈，2014 年 9 月 10 日，南京。资料存于采集工程数据库。

了朱兆良从事这项研究的兴趣。① 朱兆良说:"到微量元素组,一方面是李先生为了发挥我的特长,另一方面可能是领导在观察,看看我在哪个领域更合适。具体情况作为年轻人我也不清楚,当时领导让我到哪个部门,我就过去。"② 在微量元素组工作了差不多一年多的时间。在这较短的时间内,朱兆良在《科学通报》上发表了"中国土壤中的氟及氯"。这给他更大的信心,因为当时能在《科学通报》上发表文章是很难的。朱兆良说:"能发表全靠李先生的帮忙和指导。"朱兆良早期发表的文章中都会有他对李庆逵的致谢。这些文章成了他在土壤方面进一步发展的动力。

1958年4月份,朱兆良在李庆逵的带领下与萧克谦和江西省农科院的几位科研人员一起到兴国县③ 进行农业生产情况调查。4月26日,他们到达江西省农科所,并与当地工作人员交流给农田施用钾肥和磷肥的量以及效果等问题。30日,他们一行人又到达兴国县的荷岑社了解当地植被、水土情况,以及新中国成立以后的水土保持、封山育林的工作。公社的李主任向他们介绍说:1952年江西省水利局到这里进行水利勘察,采取民办公助的办法建设水利工程,也就是政府资助大部分费用,并派技术人员负责指导,政府的这种做法让群众有了信心和决心开展水土保持工作,他们合作社在1952和1953两年的时间

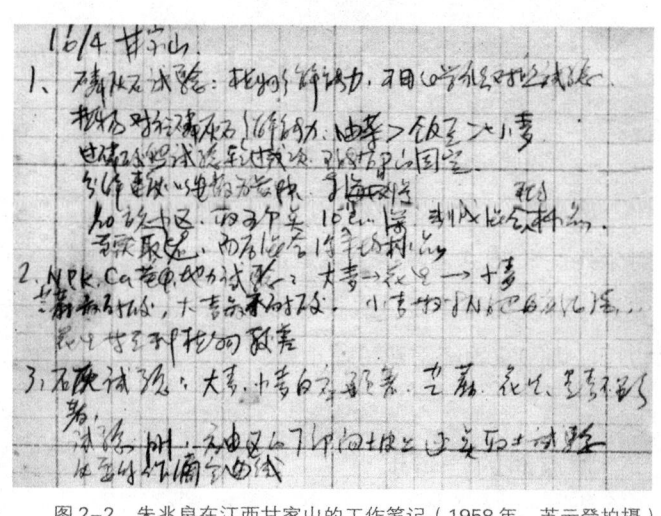

图2-2 朱兆良在江西甘家山的工作笔记(1958年,苏云登拍摄)

---

① 中国科学院学部联合办公室编:《中国科学院院士自述》。上海教育出版社,1996年,第342页。
② 朱兆良访谈,2014年9月10日,南京。资料存于采集工程数据库。
③ 1958年4月江西兴国、江苏常熟野外工作记录簿。存地同上。

内修建大小工程三百三十一处。现在由于降低河床，洪水损害减小了，在干旱天气，河里也还会有小水流，这样粮食产量就能提高，人们生活水平也逐渐提高了，也有干劲了。

从 5 月 1 日到 25 日，朱兆良在李庆逵的带领下一直在兴国县的各合作社进行调研，他们走访了埠头合作社的焦田社、西下社等。调研主要内容包括土壤分类及分布情况、各地湖的面积及水量；1952 年以来的经济情况、畜牧情况、果树情况、病虫害和土壤肥料等情况。通过调查他们发现当地农业生产开展得还不错。为了进一步了解施肥和粮食产量情况，朱兆良在临走时还留给他们一张表格，请当地的领导帮忙填一下，以便用来指导以后的农业生产。①

这次江西之行是朱兆良第一次直接接触土壤，之前他一直是在于天仁和李庆逵指导下进行一些化学分析方面工作。从此以后他转变工作方向，开始从事与土壤有关的工作。

探讨农民丰产施肥经验

从江西兴国调研回来后没几个月，全国性的"大跃进"运动开始了。对朱兆良来说，"大跃进"就是进一步了解农民，进一步了解土壤学在国家建设中所发挥的作用。这段经历对他产生了很大的影响，他认识到搞土壤也可以为国家的经济建设作贡献，认同了自己的工作，再也没有动摇过。

蹲点时的苦与乐

1958 年 9 月，根据中共中央发出《关于下放干部进行劳动锻炼的指示》，号召干部队伍中的年轻干部，到工厂、农村去参加体力劳动，到基层去参加

---

① 1958 年 4 月江西兴国、江苏常熟野外工作记录簿。资料存于采集工程数据库。

实际工作，朱兆良与中科院的植物生理所和土壤所几个人组成一个工作组到常熟白茆蹲点，单位领导对蹲点同志提出"五同"要求，也就是要求到农村蹲点的工作人员要与农民同吃、同住、同劳动、同研究、同总结，主要是学习农民的丰产经验。在组长丁昌璞带领下，朱兆良和其他同事住在老百姓家里，在大队食堂就餐。当时他们半个月有一天的假，这一天，朱兆良和同事会到常熟县城逛逛，打打牙祭改善生活。

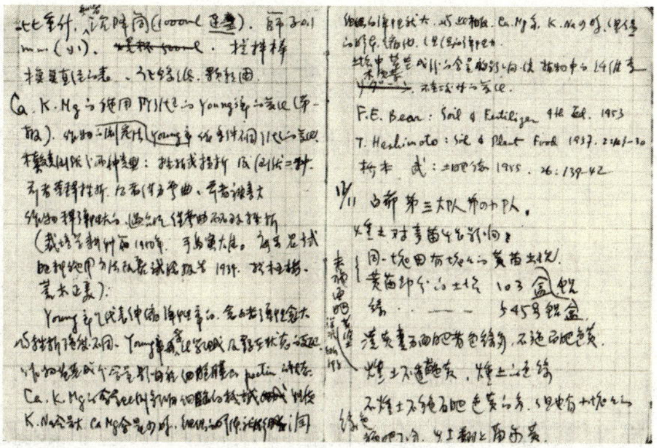

图 2-3 常熟蹲点时朱兆良的工作笔记（1958年，苏云登拍摄）

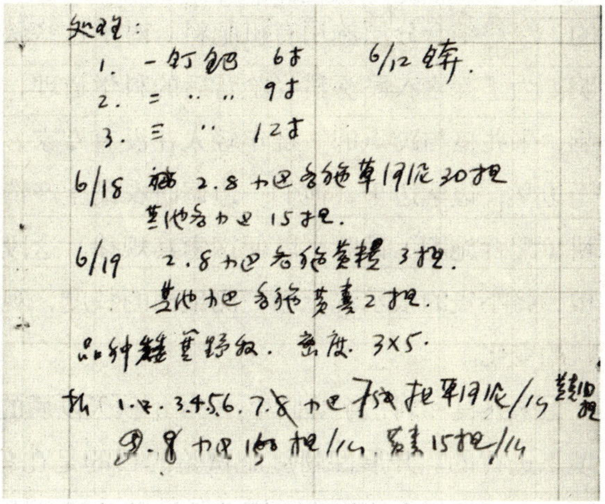

朱兆良和同事蹲点时，一开始生活还过得去，他们也没有感觉到有多困难，后来生活就比较

图 2-4 朱兆良在江苏常熟野外工作的记录簿（1959年，苏云登拍摄）

艰苦，胡萝卜成为主要食物，稀饭里没有几个米粒，基本是清可见底。后来常熟县委了解到蹲点的同志顿顿吃胡萝卜，还不如当地农民，让朱兆良他们这批蹲点的知识分子到公社食堂就餐，但这样与单位"五同"要求有矛盾，因此朱兆良和其他同事也不敢贸然行事，只能继续吃胡萝卜。一天南京土壤所的封行主任到常熟考察，朱兆良和同事就把饮食情况和常熟县委的决定反映给封主任，封主任认为蹲点同志应当一切听从当地政府的安排。现在提起这段经历，朱兆良还说就是那个时候练就了吃辣椒的本事，另外他还觉得封主任很有领导能力，既让蹲点的同志稍微改善伙食，又完

第二章 步入土壤科学殿堂

全遵守纪律。难啊，当时国家确实是困难。①

朱兆良和同事们依然按照单位要求，向农民学习、探索农民丰产经验背后的科学道理，他们主要是探讨深耕增产背后的科学原理。

探索深耕结合施肥增产的原因

为进一步提高粮食产量，1958年8月，中共中央发布了关于深耕和改良土壤的指示，随后在全国范围内掀起了轰轰烈烈的群众性土壤深耕深翻运动，1958年全国的秋耕秋种就是在这样的形式下进行的。各地丰产片的耕翻深度，一般都在一尺左右，而高产试验田的深耕有达二三尺或更深的，深耕结合分层施用有机肥料。对于这些做法，农民无法给出科学的说明。为了探索农民深耕经验背后的科学道理，解决深耕带来的一些负面影响，朱兆良与蹲点的一批年轻人在没有专家、没有权威指导的情况下，边干边学，边学边干，他们一边调研农民生产情况，一边布置试验田开展深耕（配合施肥）试验，以便探索其规律。这段时间他们做得最多的就是洗根，将小麦的根水洗干净，测量根的长度，观察深耕后土壤物理及化学性状的变化。

朱兆良和刘芷宇等同事1958年秋天以后的工作，就是在这样的社会环境下进行的。开展深耕施肥试验的目的是在总结农民丰产经验的基础上，进一步寻找增产的潜力，因此在试验的设计中，他们都采用了较深或很深的耕层深度和较高或很高的施肥水平。1959年夏天，朱兆良参加中国科学院组织的"农业丰产研究丛书"的编写，其中《小麦的密植和深耕》中的深耕（结合施肥）部分，主要由朱兆良撰写，其中全面介绍了全国多个地区深耕试验的情况和部分地区大面积调查情况，分别从深耕（结合施肥）对土壤松紧度、水热状况、空气组成和微生物方面的影响进行讨论。

当小麦的耕作层加深到三四十厘米时的增产效果是显著的，而且也是比较具有普遍性的。大体上北方旱作地区，不论深耕多少，总根量的80%

---

① 朱兆良访谈，2014年9月10日，南京。资料存于采集工程数据库。

左右都集中在五十厘米以上的土层内，南方水稻土地区则多集中在三四十厘米土层内。说明深耕深度超过了五十厘米时，对根系分布不起影响，也就没有增产效果。从经济效益考虑，即以三四十厘米为宜，南方水稻土地区即在三十厘米左右是比较适宜的。[①]

通过这一年来的工作他们认识到合理的深耕结合施肥，肯定有增产作用；深耕对小麦根系生长的影响是有一定范围的，根系主要分布层的深度不随着深耕深度加深而向下伸展。北方旱地小麦的根系比南方水稻的更深一些，根系分布层的深度还受到地下水位的制约。

总结1959年工作，他们也感到以后必须着重研究土壤营养条件对小麦根系活动及对植株生长发育的影响。1959年的工作还局限于数量形态的比较，很少涉及生理功能。此外，深耕（结合施肥）的作用在一季作物上不能全显现出来，做出比较全面的结论必须继续观察。

陈永康高产施肥经验探讨

全国劳动模范、江苏农民水稻栽培专家陈永康根据自己三十余年水稻种植经验，于1958年提出晚稻栽培的"三黄三黑"[②]技术，这是一套极为严格的水肥管理技术，用以控制和调节水稻的生长。为完成农业发展纲要中的粮食指标，中国科学院决定以陈永康经验为中心，总结水稻高产技术和理论，在湖北省的孝感县、江苏省的江宁县和常熟县各设置了一个试验点，江宁点是与陈永康共同开展试验研究的，朱兆良和同事在常熟白茆进行水稻的水浆管理试验。

朱兆良和杨国治、王敬华、叶世豫、丁昌璞进行了无重复的小区试验，试验小区的土壤是鳝血乌山土，前作是小麦，在试验的时候采取当时推荐的深耕方法，把小区深耕一尺，插秧之前又深耕七寸。实验设计是：

---

① 中国科学院农业丰产研究丛书编辑委员会编辑：《小麦的密植和深耕》。科学出版社，1960年，第88—149页。

② "三黄三黑"水肥管理经验指晚稻在施肥、水浆管理合理，生长发育正常的情况下，有三次由黑到黄和三次由黄到黑的变化。陈永康：关于水稻施肥的三黄三黑。《农业科学通讯》，1959年第17期，第611页。

共分为深水灌溉（不烤田）、干干湿湿（烤田）、浅水勤灌（不烤田）、浅水勤灌（烤田）、湿润灌溉（烤田）、湿润灌溉（不烤田）数个小区，通过与当地农民通用的深水灌溉、浅水灌溉、干干湿湿和湿润灌溉这四种用水方法对土壤性状及水稻生长发育的影响，以及在烤田情况对土壤性质的影响进行研究。通过这次试验，朱兆良和同事把老百姓习惯性灌溉方式对土壤性状和水稻生育影响进行了机理研究和科学解释，同时对烤田情况下土壤性质和水稻生长也进行科学研究，证明烤田能够增强水稻的抗倒伏能力，能为水稻的生殖生长提供一个良好的环境，所以烤田能够增产。

朱兆良在常熟这段时间还不断加强理论学习，如阅读"石灰质水稻土基本剖面形态""土壤中气体交换的理论""水中硝酸盐的快速测定法"等文章以补充土壤学方面的理论知识[①]。

---

① 朱兆良：江苏常熟野外工作记录簿。1958年11月。资料存于采集工程数据库。

第三章
开启土壤氮素研究大门

朱兆良，这个植物营养研究领域的"局外人"在内因和外因的作用下，逐渐从内心深处和专业上让自己转变成"局内人"。他从1961年开始带领土壤所氮组的同事扬帆起航，开始研究土壤氮素。从最初学习研究方法起步，从认识土壤氮素本性开始，他们把自己的研究成果逐步推向国际舞台。

带领氮素研究团队

1961年，为促进学科的发展，南京土壤所进行深化改革，把农化室分成几个学科组，具体为：氮组、磷组、钾组、中量元素组、有机肥料组、微量元素组和植物营养组（植物根际营养）共七个学科组。李庆逵任农化室主任，朱兆良任氮组组长。氮组刚成立时研究人员主要有朱兆良、陈平、张精一、张振楠和赵振达，这几位研究人员都接受过良好的大学教育，有的在大学期间学的就是土壤化学（简称土化）专业。技术人员有徐银华、朱韵芳、吴榴松、包梅芬、张志潮等。虽然前后几十年，氮组成员

图3-1 氮组全体成员合影（1994年。第一排左三朱兆良、左四蔡贵信。朱兆良提供）

经常变动，但朱兆良始终坚守在氮组。由于处于学科发展的起步阶段，对于氮素是什么、用什么方法进行研究，基本是一片空白。朱兆良尽管是学科组的组长，对于氮素同样也比较陌生。面对一个全新的研究对象，在没有权威和专家引领、指导的情况下，朱兆良决定带领同事从查阅外国文献着手，先学习国外学者研究土壤氮素的方法。

通过查阅文献，朱兆良发现以前关于氮肥施用效果的研究大多是偏重于施肥量与增产的关系，或不同土壤上施用氮肥的效果，在这方面已经吸引了很多农业化学工作者的注意力。而在土壤肥沃、氮肥供应充足的情况下争取高产的土壤氮素研究却不多。这也就是如何科学解释陈永康"在施肥方面，根据水稻生长情况，考虑到土壤和肥料的养分供应数量和速度问题"。

首先，陈永康的看苗施肥实际上就是一个土壤供氮的问题。苗在不同的生长时期需要不同的营养，也就是土壤的供氮情况。朱兆良需要找到一种方法研究土壤氮素供应速度和变化趋势，这在当时还是一个没有解决的问题。

耕作土壤在作物生长期间的氮素供应状况，是影响产量的最活泼因素之一。在土壤肥力不高、氮肥供应不足的情况下，增加氮肥用量，作物产量也随之相应的增加。当农民发现氮肥能够提高粮食产量时，为进一步提高粮食产量就不断增加施用量，这也是朱兆良在常熟蹲点时发现的问题。农民的盲目施肥往往适得其反，而陈永康的看土施肥却能够获得千斤高产，因此研究土壤氮素供应有很好的经济效益。

确定土壤氮素供应标准

陈永康的丰产施肥经验确实能提高粮食产量,但他的一套施肥方法是建立在经验基础上的,要求每个农民都掌握他的那一套看苗施肥本领是不现实的。为把陈永康丰产经验推广,朱兆良希望通过对土壤氮素供应状况进行研究,也就是研究陈永康经验所隐含的科学道理,从而摸索出一套能很容易被农民掌握的施肥技术。朱兆良从此踏上研究土壤氮素的征途。

在朱兆良研究土壤氮素供应状况之前,关于氮肥施用效果的研究集中在两方面。一方面是关注施肥量与增产的关系,或不同土壤上施用氮肥的效果。研究者利用大量的田间试验、盆栽试验和室内培养法来测定土壤氮素供应能力或可矿化氮量。当时国外研究者如 Harmen 和 Schreven 曾指出室内培养法所测得的结果与氮肥的增产效果之间的相关性并不稳定,时好时坏,受到诸多因素的影响。另一方面是确定施用时期。虽研究报告也很多,但是在土壤肥沃、氮肥供应充足的情况下争取高产的研究就显得十分不够了。陈永康施肥时的原则是"看苗施肥"及"因土制宜",即苗色"不黄不施"和"肥土黄透再施、瘦土见黄就施",也就是在施肥方面,根据水稻生长情况,考虑到土壤和肥料的养分供应数量和速度问题。而在这方面其研究资料却是十分贫乏的。另外,由于测定土壤氮素矿化力的培养法和其他测定土壤有效态氮的化学方法,只有一个总的数量概念,这远远不能确切地反映氮素供应速度上的特征,也就不能满足指导农民科学施肥的需求。因此,朱兆良想在已有方法基础上,寻找新的反映土壤氮素供应状况的方法。

朱兆良把土壤氮素供应状况理解为土壤氮素供应容量、供应强度及其持续时间的综合反映。土壤氮素的供应强度是指土壤在单位时间内能够提供给作物吸收的氮量;土壤氮素供应持续时间是指供应强度的变化趋势;土壤氮素供应容量是指矿质态氮和能在短期内矿化的氮素总量。经过试验研究,他们得出确定水稻田土壤的氮素供应指标是:①土壤碱解时,NH_3 的释放速率与土壤氮素供应强度及其变化趋势有一定的相关性,其中以

N NaOH 扩散法为最佳。将土壤与 N NaOH 一起在 27—30 摄氏度条件下进行扩散，测得的 NH_3 释放速率和 NH_3 释放速率曲线，以及扩散时间无限延长时释放出的 NH_3 总量，可以分别作为水稻田土壤氮素的供应强度及其变化趋势和供应容量的相对指标。② MgO 与水稻田土壤样品一起蒸馏 30 分钟测得的氮量，在不含大量的易分解有机态氮的情况下，可以作为水稻田土壤氮素供应强度的相对指标。③用碱解法测出的土壤氮素供应容量来定量估计供应强度的变幅，则产生的偏差较大。①

朱兆良的这项研究以及提出的用 NaOH 扩散法来测定土壤有效氮素的供应及变化趋势由于操作简单，精确度比较高，受到了国内同行的广泛认可，在一定改进后还被收入中国土壤学会农化专业委员会编的《土壤农化常规分析方法》和中国科学院南京土壤研究所编的《土壤理化分析》等专著中，在国内得到广泛推广使用，他的试验结果不仅弥补了当时已有研究的不足，还提出了一套水稻田土壤氮素供应标准。

对看土施肥经验的进一步探讨

对陈永康水稻丰产经验的研究表明，在中性水稻土上调节水稻土壤氮素供应是丰产的关键，那么在其他土壤上如何施肥才能达到丰产的要求呢？朱兆良和同事在南京孝陵卫、江宁、苏州吴县、镇江丹阳等地选择不同的土壤进行研究，探讨不同土壤如何施肥才能获得丰产。

他们根据高产水稻的需氮特点和不同土壤的氮素供应，对江苏南部地区单季晚稻在不同土壤上的施肥研究得出如下几点结论：①分布在黄土丘陵冲积平地上部田块上的小粉土或者是分布在低缓黄土丘陵地区大冲上肥力较低的黄马肝土，以及分布在丘陵与平田交界地区较轻的油泥土等，在这类土壤上，化学氮肥供应表现为猛而短的状况，为满足高产水稻在分蘖期和穗分化期对土壤氮素供应稳而长的要求，除了重施有机肥料为基肥以外，在分蘖期以及穗分化期以前的追肥仍应以有机肥料为主，在基肥不足

---

① 朱兆良：土壤氮素供应状况研究 I ——土壤碱解时氨的释放速率作为预测植稻土壤氮素供应状况的指标.《土壤学报》，1962 年第 1 期，第 55-72 页。

或质量不好的情况下，分蘖肥更应加重，施用时间也需提早。②分布在黄土丘陵冲积田下部的青泥土，以及苏南平原晚稻地区的土壤，有机肥料总施用量比稳肥性低的土壤要少一些，化学氮肥的施用量相对增多。基肥和拔节期的追肥仍应强调以有机肥为主，如果基肥中有机肥施用量较高时，分蘖肥可以少施或不施。③分布在圩田地区的栗子土和在村庄附近历年施用有机肥较多的高肥田。施肥种类可以以化学氮肥为主，一次用量不宜过多，即使在需要土壤氮素供应稳而长的穗分化期，也可以用化学氮肥代替有机肥料。①

此外，在大多数的情况下，为了达到穗多、穗大、粒饱的要求，陈永康施肥经验中，在生长中期施用有机肥料（如猪厩肥）看来是十分必要的。但是，在大面积机械化和有机肥料肥源不足的情况下，要做到这一点是有困难的。已有的研究证明，可以用化学氮肥代替有机肥料，只是在施用的方法上，施肥的次数应根据土壤差异而有所不同。

在肥料较少施肥水平较低的情况下，为保证一定的穗数并争取大穗，施肥原则应适当施用基肥，集中施穗肥以获得更大的经济效益。在调节高产水稻的土壤氮素营养中，除利用施肥措施以外，利用不同的水浆管理措施"以水调肥"也是很重要的。

朱兆良对陈永康水稻丰产经验的研究结果还表明，在中性水稻土上调节水稻土壤氮素营养状况是达到丰产的关键，这是因为，陈永康根据土壤的氮素供应特点、因土制宜地运用肥水措施，调节水稻生长发育过程中的土壤氮素供应状况，满足了水稻协调生长的共同要求，所以可以获得高产。

他们又研究了江苏南部几种水稻土在植稻条件下的氮素供应状况，以及表施硫酸铵后，铵在土壤中的转化及其对氮素供应状况的影响和进一步探索植稻土壤的氮素供应状况的指标。②朱兆良的这些研究还是蹲点时向农民学习、向劳模学习的产物，是特殊时期的产物。朱兆良和同事是希望

---

① 朱兆良、汪祖强、徐银华：土壤氮素供应状况研究Ⅱ——硫酸铵在植稻土壤中的转化及其对土壤氮素供应状况的影响。《土壤学报》，1963年第2期，第185-195页。

② 朱兆良等：土壤氮素供应状况的研究Ⅱ——硫酸铵在植稻土壤中转化及其对土壤氮素供应状况的影响。《土壤学报》，1963年第2期，第185-195。

通过研究农民的丰产经验来带动科研工作的，后来他们发现，围绕经验开展研究永远跳不出经验这个圈子，而应该"从生产实践中提出，从学科理论上来做，注意把握实践与理论的结合点"，[①]只有这样才能取得好的研究成果，所以朱兆良逐渐明确自己总的研究方向："土壤学是应用学科，应主要围绕国家经济建设、农业发展来搞研究；既要强调理论研究，也要强调应用研究，理论与实际结合；发挥理论专长，从基础理论方面来解决应用中提出的问题，既有理论深度，又有应用广度；而理论应围绕生产中提出的问题来发展，十年、二十年、三十年，这样一直研究下去。"[②]

1963年，朱兆良在《土壤学报》上发表了"土壤中氮素的转化"一文。这是一篇综述性的文章，共引用九十一篇相关研究论文，其中只有九篇是中文的，其他都是用日语或英语撰写的，论文从土壤中有机态氮的矿化和矿质态氮的生物固定、氮的化学固定和化学固定态氮的释放和氮素损失三个方面进行梳理，并最终勾画出土壤中氮素转化示意图。[③]朱兆良对当时土壤氮素研究动态已有非常好的把握。

朱兆良认为农业生产中的土壤氮素问题可以分为保持和提高土壤氮素的潜在肥力和调节当季作物的土壤氮素营养状况等两方面，它们共同的理论基础就是土壤氮素的转化规律。土壤中氮素的转化途径可以分为：土壤中有机态氮的矿化和矿质态当季的生物固定，土壤中矿质态氮的化学固定和化学固定态氮的释放，氮素的损失，铵态氮的硝化作用和硝态氮的还原作用以及固氮作用等。这些也是朱兆良在"文化大革命"结束后开展土壤氮素研究的主要内容。通过查阅文献，在一年多的时间内朱兆良就摸清了国际上氮素转化方面的主要研究方向，并且已经能够消化吸收转变成自己努力的方向了。

当时全国还正在进行着粮食丰产经验的总结和推广，他们也把自己的研究工作和当时农业生产需要结合起来，采取任务带学科的方式开展研究工作。在下放到泗阳之前，朱兆良和同事主要进行有关氮的基础研究。正

---

① 周忠德主编：《甬籍院士风采录》，浙江大学出版社，2002年，第332页。
② 同①。
③ 朱兆良：土壤中氮素的转化，《土壤学报》，1963年第3期，第334页。

当朱兆良有了一定的知识储备，准备大展身手系统研究土壤氮素时，"文化大革命"开始了。

下 放 农 村

前文已述，1958年4月份，朱兆良和萧克谦等在李庆逵的带领下到江西进行农业生产调研，那是他第一次接触土壤农业生产实际。1958年9月，他和同事到江苏常熟蹲点研究农民丰产经验时是他第一次当"农民"，他们与农民"五同"，干了很多以前没有干过的农活，为探讨深耕的增产效果，洗了很多水稻和小麦的根，不过那时他还是属于土壤所的人，他的档案、工资、人事关系等都是在土壤所，自己也认为自己是土壤所的工作人员，而不是农民。

"文化大革命"期间，土壤所遭到破坏，研究人员中很多人被下放到农村。朱兆良和妻子牟润生、女儿朱竞与赵其国、刘芷宇、何同康、黎立群五位同事及其家属于1970年1月20日一起被下放到淮阴泗阳县王集公社。他们一家和赵其国一家被分在南园大队，朱兆良一家被安置在西场生产队。

接到下放的通知时，朱兆良以为不可能再回到土壤所工作了，由于拖家带口搬家，除字典之外，他把一些太重不能带走的物品，如第一手试验数据、多年积累的资料、书籍（包括不少外文书籍）等全部卖给废品回收站，他觉得以后不管干什么，工具书是必备的，所以字典才留下来。直到今天聊起这件事情，朱兆良还是说："太可惜了，但是没有办法，带不走，只能处理了。卖外文书时，收废纸的人要求把书外面的硬书壳撕下来，否则就不收。"[①]

下放泗阳农村期间，朱兆良真正做了一回农民，他修过河堤、盖过房

---

① 朱兆良访谈，2014年10月20日，南京。资料存于采集工程数据库。

子，打过蜂窝煤。他还做过公社宣传队副队长，查过账，还到过山东郯城进行调研。加固河堤的时候，左手的无名指受伤，伤疤一直陪伴他到今天。刚到农村时，由于老百姓相信"下放无好人，好人不下放"，都防着他们，邻里关系也不好。朱兆良抱着一种随遇而安心态来面对当时巨大的变化，安心地在生产队劳动和生活。

刚到生产队时，还没有自己住的房子，只能住在大队的办公室。过了几个月后，在生产队和当地百姓的帮助下，利用政府发的盖房补助金[①]把房子盖好了。房子盖好了，朱兆良却瘦了十多斤。有了自家的房子就算安家落户了，慢慢和当地人也熟悉起来，交往过程中老百姓感觉他们一家人并不是什么坏人，加上朱兆良和夫人诚恳待人，对他们的提防心理逐渐就解除了。朱兆良和夫人也利用自己所掌握的技术力所能及帮助当地百姓。就这样，他们一家人在泗阳一直生活到1973年9月才返城。二女儿朱耘在1973年5月18日出生，当时以为不可能回南京了，要在农村耕耘一辈子，因此，朱兆良给自己的二女儿取名为朱耘。去的时候是三口之家，回来的时候就变成了四口之家。

再次扬帆起航

1973年9月，朱兆良与妻子带着两个女儿返回南京，妻子到编译室工作。朱兆良回到氮组，着手恢复自己的工作，从1974年开始，又重新投入太湖地区耕作制改革带来的一系列问题的研究中。

在"以粮为纲"的社会大背景下，为提高粮食产量，太湖地区在二十世纪六十年代初探索耕作制改革，后来逐步推广开来。所谓"耕作制"改革就是将原来一年一熟或一年稻麦两熟改变为"麦稻稻"或"油稻稻"一年三熟，以期提高复种指数，提高粮食产量。改革后，太湖地区的农作物

[①] 砖头是用国家补助的三百三十元钱买的，打地基、垫高、盖房等体力活是生产队出人帮忙的，朱兆良和家人主要提供吃的、烟酒等招待帮忙的邻居。

复种指数和土地利用率确实大幅度提高，增加了粮食产量，但大部分地区却出现土壤发僵、病虫害增加、肥料供应不足等问题。

稻田氮肥胃口变大问题

当朱兆良从泗阳县回到南京土壤研究所氮组时，氮组的人员变动很大，由于他脱离科研工作三年多，大量资料又被处理掉，所以一切工作再次从零开始。不过这种状态只持续几个月就得到改变，这得益于1974年熊毅所长带领包括朱兆良在内的部分土壤所工作人员，对太湖地区推广的"双三制"耕作制进行调研。

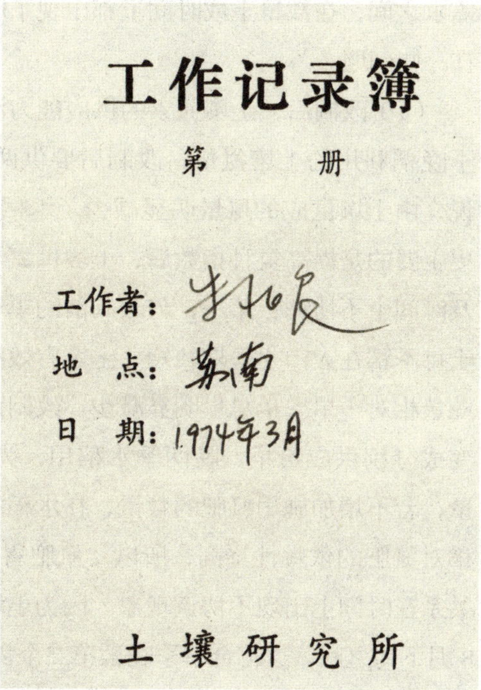

1974年3月至4月，朱兆良与同事在太湖地区和老农、技术人员等交流，获得大量第一手资料，对改制后出现的一些问题有了充分的了解。根据吴县龙桥公社群众反映，过去一年两熟、牛耕、稻田淹水时间短，现在稻田浸水时间长，机械化程度高，为抢季节采取水耕机耕办法，没有晒土的时间，导致秧苗不发；提倡麦收后干耕晒土以便发苗，但是对后季稻仍不可能干耕。其实僵苗的原因与土有关，机耕土烂或泥浆，秧苗好栽，但不发苗；水耕速度快，为抢季节，所以不能晒土，双季稻后种麦，手扶拖拉机也耕不动，感到土越来越粘。①

图 3-2 苏南熟制改革调研笔记本
（1974年，慕苏云登拍摄）

---

① 朱兆良：苏南熟制改革调研资料本，1974年3月。资料存于采集工程数据库。

第三章 开启土壤氮素研究大门　　35

经过调研，朱兆良了解到改制后出现一连串的问题：土壤浸泡时间长、耕层变薄、稻草回田量减少、绿肥种植面积减少，导致土壤性质发生改变，"氮肥胃口变大"。他和同事必须首先解决这一生产上的问题。

氮肥用量增加原因

在调研的基础上，1974—1977年，朱兆良、廖先苓、蔡贵信、俞金洲、刘元昌、徐福安、许秀云、徐永福等同事在无锡东亭设计布置试验，探讨高强度栽培制度下（稻—稻—麦），土壤的养分供应状况以及肥效问题。

他们发现，单季晚稻改种双季稻后，土壤的氮素供应与水稻对氮素的需求之间，在数量上或时间上都出现了明显的改变，在养分协调方面也存在一些问题。[①]

（1）改制后，土壤氮素的供应能力没有明显的变化，但是过去供给单季晚稻利用的土壤氮量，改制后要供两季水稻用，因此，对每季水稻来说，由土壤供应的氮量明显减少，水稻对肥料氮的依赖性必然显著增加。更主要的是提高复种指数后，土壤供氮与水稻需氮之间的供求关系在量以及时间上不协调：第一，与改制前的单季晚稻相比，改制后的双季稻，由于每季稻在大田生长期较短、土壤有效积温较少，土壤氮素的矿化量和供应量相对于单季稻总量明显减少。改制前供给单季稻利用的氮量，改制后变成分别供应给早、晚两季水稻用，为获得高产，只能增加氮肥的施用量，若不增加施用氮肥的数量，在水稻的长势和长相上体现不出来。即水稻对氮肥的依赖性增高，所以"氮肥胃口变大"。第二，改制后氮素供求关系在时间上出现不协调现象。因为土壤氮素释放高峰期在7月中下旬至8月下旬之间，这符合单季晚稻第二个需肥高峰期要求，但对双季稻来说，这个时间段约为早稻生长末期和晚稻生长早期，而这两个时期水稻对氮素

[①] 朱兆良、廖先苓、蔡贵信等：苏州地区双三制下土壤养分状况和水稻对肥料的反应。《土壤学报》，1978年第2期，第126—137页。徐福安、许秀云、徐永福等：水稻土物理性质对营养条件的影响。《江苏省高产稳产农田建设的土壤问题》，南京土壤所内部刊印资料，1978年，第22—27页。

需求量都不多。因为水稻生长早期和晚期对氮素的需求量都不大,但是改制后土壤供氮高峰却出现在水稻对氮需求不高的时期,所以出现矛盾。这种不协调使得双季稻在需氮高峰时,土壤供氮量不足,为促进水稻早期生长以获得高产,农民只能增加氮肥施肥量。

(2)结构性质不同的土壤上氮素供需矛盾表现的程度不一样,在农民所说的土壤发僵的"晚发"田中更加突出。朱兆良和同事于1978年早稻期间在江苏省无锡东亭大队用 ^{32}P 和 ^{86}Rb 分别测定根系伸展和养分移动试验,研究为什么会有"早发田"和"晚发田"之分。试验结果表明,土壤供氮能力与土壤物理性质密切相关。具体表现为:结构良好的土壤如鳝血黄泥土,含有的非毛管空隙多,淹水泡田后土块易于碎散,松软的土层既有利于水稻根系较快地从土壤中吸收铵态氮,也有利于分蘖期水稻根系的迅速伸展,进而促进水稻对土壤养分的吸收,有利于水稻"早发"。结构性良好的土壤其耕层的通透性比较好,水田渗漏性比较好,较好的渗漏性也有利于水稻对养分的吸收,这些都促进了水稻的早发。相反,在结构差的土壤中,因水稻根系不易伸展,土层中僵土块多,淹水泡田后土块不易化开,耕层土壤的通透性也不好,导致土块内的铵态氮不易被根系快速吸收,而且根系的伸展也受到僵块的限制,不利于及时吸收养分,导致氮素供需矛盾较突出,表现为"晚发",最终影响水稻高产。

(3)高氮肥下水稻的营养协调问题。朱兆良还对高氮肥下配合施用磷、钾、硅等肥料进行研究。盆栽实验表明[①]:稻草含磷素在0.05%—0.1%时,磷肥仍然获得明显的增产效果,只有当稻草含磷素量超过0.1%时,磷肥才无增产效果。在高氮条件下,不仅钾肥的增产幅度增大,而且对钾肥有反应的土壤也增多,显示出高氮条件下钾肥的重要性。与田间小区试验的结果不同,盆栽中的后季稻对钾肥的反应远大于前季稻。钾肥提高了每穗总粒数、实粒数和千粒重,而空秕率则有所降低,因此也提高了氮素的稻谷生产效率。朱兆良和同事的试验还表明烤田与钾肥之间有明显的负交互作用,当时还不清楚其具体的原因。

---

① 朱兆良、廖先苓、蔡贵信等:苏州地区双三制下土壤养分状况和水稻对肥料的反应。《土壤学报》,1978年第2期,第126–137页。

耕作制改革还带来一些连锁反应：农民劳动量加大，没有时间和精力进行精耕细作；前季稻生长时间短，口感不如单季稻；复种指数的提高，侵占了绿肥的生长时间和土地，导致绿肥不足，农田缺少有机质，容易板结。

综合各方面的因素，朱兆良和同事建议推行熟制改革的时候需要考虑的因素较多，除土壤性质外，还要考虑带来其他一系列连锁反应，新的技术和措施需要跟上。

鉴于耕作制改革后带来的一系列影响，熊毅在“对苏南地区耕作制度的看法和建议”一文中提到“三三得九，不如二五一十”的建议。[①] 朱兆良和同事也建议在推行改革时，土壤性质是一个重要的参考因素，不能盲目地在所有田块上推行“三熟制”。

高产土壤的培育和合理施肥研究

二十世纪八十年代，我国人口总数已经超过九亿，粮食产量也在大幅度提高，与此同时，我国化肥用量飞速增长，年使用量已达一千二百万吨（纯氮）左右，占世界氮肥总消费量的五分之一，而太湖地区是我国重要产粮区，氮肥又是其中一项重要生产投入。如何把用地和养地很好结合起来，成为保证粮食产量的关键因素。

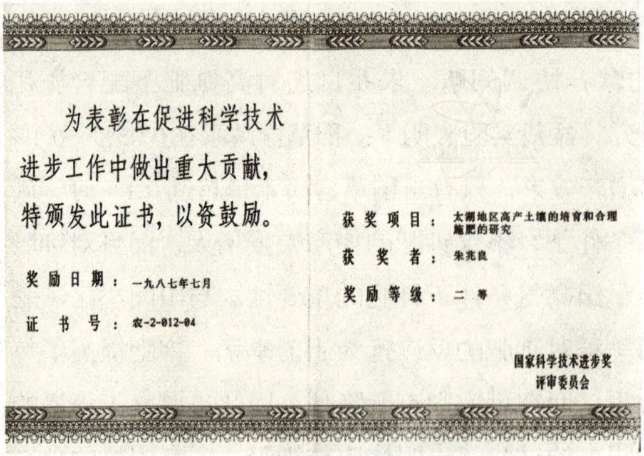
为表彰在促进科学技术进步工作中做出重大贡献，特颁发此证书，以资鼓励。

奖励日期：一九八七年七月

证书号：农-2-012-04

获奖项目：太湖地区高产土壤的培育和合理施肥的研究

获奖者：朱兆良

奖励等级：二等

国家科学技术进步奖评审委员会

图 3-3　太湖地区高产土壤的培育和合理施肥研究获得国家科学技术进步奖二等奖证书（陈加晋拍摄）

1983 年 10 月，朱兆良和同事承担了“六五”国家科技攻关项目“农业增产措施”和“太湖地区高

① 熊毅：对苏南地区耕作制度的看法和建议。《人民日报》，1979 年 1 月 13 日。

产土壤的培育和合理施肥的研究"课题。他们通过盆栽及小区试验研究，不仅对太湖地区土壤供氮能力、作物需氮量、化学氮肥及有机肥在保持土壤供氮能力中的作用进行研究，还对化学肥料氮、磷、钾肥及有机肥的合理施用进行深入研究，获得许多既有理论意义，又有实际意义的研究成果。①

第一，提出高产条件下消除土壤障碍因素的对策。①水稻节水灌溉。在不影响水稻高产的情况下，实施节水灌溉，可节水量约三分之一，每亩节电 3.88 度。②暗管排水。暗管排水治渍改土效果良好，犁底层的通气孔隙可增加到 15%，渗透速度可上升到每天 21.1 毫米，有利于治渍改土，一般三麦可增产 10%—15%。③免耕少耕。麦茬免耕种稻，或稻茬免耕种麦（或油菜），在多数情况下都获得了增产，每亩可省工两到四个，节油 0.7 公斤左右，提高功效四倍，免耕有改善耕层结构的作用。④合理轮作，增施有机肥。改稻稻麦为稻豆麦轮作，土壤的通气孔隙由 7.9% 增加到 15.1%，提高了土壤的通透性，增施有机肥可以显著改善土壤结构。

第二，提出高产条件下合理施用化肥措施。①控制氮肥用量。以尿素为研究对象，确定了稻麦的氮肥平均适宜用量分别为 14—16 斤纯氮和 19 斤纯氮，比全区的平均用量低很多，推广节氮措施约节约氮肥 20% 左右。②减少氮肥损失。明确了碳铵和尿素作基肥与土壤混合施用时，其氮素损失量分别占施入量的 59% 和 45%；做穗肥表施时，其损失量分别下降至 34% 和 21%。损失的途径主要是反硝化作用，但是铵的挥发也不可忽视，水稻土中活性氧化铁作为铵氧化的电子受体方面也取得了初步的证据。③合理施用磷肥。太湖地区需施用磷肥的面积为：水稻 246 万亩、三麦 436 万亩、油菜 250 万亩，分别占其种植面积的 16%、40% 和 60%。总需磷面积约为 1250 万亩。每年共需施用磷肥约 5 万吨，全区磷肥的供需基本平衡。提出了稻麦和油菜的磷肥适宜用量 6—8 斤／亩。如能根据土壤需要合理分配和施用磷肥，在不增加全区磷肥总量的基础上，可以

---

① 中国科学院南京土壤研究所：太湖地区高产土壤培育及合理施肥研究。中国科学院地学情报网网讯，1986 年 Z1 期。

增加粮食约 2.5 亿斤。④合理施用钾肥。缺钾土壤的面积约占耕地面积的 28.7%，其中严重缺钾的土壤为 11.5%，一般缺钾土壤为 17.2%，另尚有供钾能力中下等土壤 31.5%。稻麦上钾肥的适宜用量约为每亩 10 斤，当时土壤平均每年每亩约亏钾 9 斤，长此下去，15 年后现有的供钾能力中下等的土壤有可能转变为缺钾土壤。施用钾肥的稻麦增产潜力约为 6 亿斤。

第三，合理利用有机肥源。①确定有机肥施用量低限。本区土壤有机质的年平均分解量为 205 斤/亩，当时每年回田的有机质所能转化形成土壤有机质平均只有 187 斤/亩，每年每亩需要再增施稻草 100—140 斤，方能保持土壤有机质的现有水平。②确定有机肥料在施入农田的氮磷钾养分中所占的比例分别为 14%，67% 和 86%。有机肥料在磷钾的供应中占有很大的比重，充分利用本地区有机肥资源，对节约化肥、保持土壤肥力，保护环境具有重要意义。

第四，对土壤生产潜力进行评价并提出改土培肥措施。总的说来，太湖地区土壤肥沃，但不同土壤的生产能力相差仍很大，一类土壤占总面积的 24%，二类占 24.4%，三类占 21.5%，四类占 7.7%，五类占 21.5%，不同土壤类型在两种耕作制下的基础肥力均相差很大，以爽水水稻土为 100% 计，则侧渗水稻土分别为 63.6% 与 74.3%，漏水水稻土为 86.6% 与 87.4%，滞水水稻土为 84.9% 与 85.5%，囊水水稻土为 73% 与 81.6%，复种指数的确定必须考虑到这一基础。在基础肥力高的一、二等土壤上，三熟制显著比两熟制增产，而在四、五类低肥土壤上，两种熟制的产量相差不大。从经济效益看，侧渗水稻土和囊水水稻土不宜推广三熟制。另据估算，太湖地区水稻土还有 17% 增产潜力，可增产 37.8 亿斤。增产潜力最大的是低洼圩区与太湖平原区，其次是低山丘陵区，主要措施是治渍改土、增肥改土和熟制调整。①

朱兆良和同事的研究成果除解决农业生产的实际问题，同时也得到国内同行的肯定。他们认为："太湖地区高产土壤的培育和合理施肥的研究"的立题针对高产地区面临的迫切问题，具有极强的实践性及理论性。该课

---

① 中国科学院南京土壤研究所：太湖地区高产土壤培育及合理施肥研究。《中国科学院地学情报网网讯》，1986 年 Z1 期。

题坚持理论与实践相结合,室内与室外工作相结合,多点示范与全面调查相结合,建立定位试验点一百余个,试验田二百四十九块,试验示范区五个,面积一千一百五十亩,采取严密设计,采用先进的手段与方法,取得了大量科学资料,并进行了周密的分析论证,得出许多重要结论,所提出的对策建议在生产中已得到验证与应用,产生了较大的经济效益、生态效益与社会效益。

第四章
土壤氮素的系统研究

二十世纪七十年代中后期，朱兆良带领土壤所氮组成员开始了对土壤供氮能力和植物营养学的研究。

生产实践的需要是科学发展的源泉，也是促进科学发展的动力之一。在所有的植物营养元素中，氮是第一大营养元素，是地球上生命体的必需要素，还是农作物增产的必备要素，如果施用不当就会出现过犹不及的严重后果。朱兆良对氮的"双面性"特征很早就有充分的认识，并开展了一系列系统、深入的研究，他把自己对于土壤氮素的研究归结为一句话："提高氮肥利用率，降低氮肥损失"。

土壤供氮能力研究

1904 年我国开始进口硫酸铵，从 1904 年至 1924 年的二十年时间里，人们对化肥的看法不一，尚处在宣传试用阶段，因而发展缓慢，每年消费的化肥量很少，直到 1925 年每年消费的化肥只有两万吨。后来由于哈伯合成氨工艺流程投入使用，大大促进了西方人工合成氨发展，促进了我国进口数量的增加。

　　进口的化肥主要被占有交通优势的东南沿海省份消费掉，为有利于化肥在中国的销售，英商卜内门洋行与德商爱礼司洋行进行肥料试验，以便让中国人看到施用化肥带来的粮食增产效果。[①]1934年，南京永利化学工业公司成立，中国有了第一家生产硫酸铵的企业。公司总经理范旭东和张乃凤曾畅谈研究全国肥料问题的设想，1936年，张乃凤主持了肥料"三要素"试验。

　　李庆逵于二十世纪三十年代进行了氮素固定研究，江苏省农科院的黄东迈于1954年在镇江的丹阳练湖农场还开展了水稻生长期间土壤中铵态氮及亚铁动态变化的原位研究。水稻土在我国耕地面积中占有很大比重，又是在长期灌水的情况下发育的，因此土壤特性与养分变化不一样，所以黄东迈想研究铵态氮素与亚铁在水稻生长过程的变化情况。试验结果表明水稻田经过不停的灌溉排水措施以及栽培上的"干干湿湿"管理过程直接影响了土壤氧化还原情况的改变，因此，支配了水稻土中氮素与铁素的存在状态[②]。1955年，黄东迈在南京郊区还进行水稻田不同的耕作方式对土壤中氮素转化和水稻产量影响的研究，以探讨农民晒垡烤田获得丰产背后的科学原理。对不同类型水稻土干燥后的铵态氮动态进行测定和讨论，他认为在还原性强烈而腐殖质较多的水稻田，干耕晒垡是发挥水田潜在地力的有效措施，且只有在土壤充分干燥情况下，才能加速土壤有机质的矿化过程，但是对于一般腐殖质含量较低而无沼泽化迹象的轻度潴育性水稻土，由于土壤氧化势较高，土壤本身对促进有机物的分解具有良好的条件，在田间情况下，对于耕作上某一短期的土壤干燥过程，不易产生较为明显的效果。[③]这一研究对土壤性质有了充分的认识，还认识到有的稻田是可以不晒垡的。

---

　　① 郭文韬、曹隆恭主编：《中国近代农业科技史》。北京：中国农业科技出版社，1989年，第197页。

　　② 黄东迈、李锡泾：水稻生长期间土壤中铵态氮素及亚铁的变化。《土壤学报》，1955年第2期，第83-89页。

　　③ 黄东迈、张柏森：水稻田干耕及湿耕对于土壤中氮素转化及水稻产量的影响。《土壤学报》，1957年第3期，第223-232页。

中国化肥工业一直到二十世纪六十年代年产量较低，在六十年代中期开始发展小化肥厂，但是产量也没有大幅度提高，农田施用的肥料主要是有机肥料。为了增加化肥产量，1973年从国外引进十三套、每套年产三十万吨合成氨的设备，1979年全部建成投产。[①]化肥产量的大幅度上升，导致农田施用化肥量亦大量增加。

就是在这些成果的基础上，朱兆良带领氮组成员在解决了以太湖地区熟制改革"氮肥胃口增大"问题后，开始了对土壤供氮能力的研究。

稻田非共生固氮量

不施用任何肥料，水稻每年也能保持一定的产量，这说明水稻在生育期能够通过微生物的作用，固定自然环境中的惰态氮，以供生长的需要。如果能把水稻全生育期非共生固氮量进行定量研究，无论是研究土壤氮素，还是解决农业生产问题，都有重要意义。水稻生育期非共生固氮量直接影响科学的确定适宜施氮量，因此，朱兆良着手对水稻全生育期非共生固氮量进行定量研究。

非共生固氮是水稻土氮素循环中的一个基本环节，朱兆良着手这方面的研究时，国外已有一些研究报告，查阅这些文章后，朱兆良发现已有的研究成果主要是通过长期试验中的氮素平衡估算出来的，不是直接测定出来的，且数据变化较大，但国内连这样估算的数据也没有。他发现国外同行主要利用氮素平衡法、乙炔还原法、$^{15}N_2$气体饲喂法和^{15}N标记土壤法来测定稻田非共生固氮量。经过梳理总结，朱兆良发现已有的试验方法要么麻烦、要么工作量大、要么不准确，具体说来氮素平衡法的工作量很大，需时较长，而且作用因子也比较复杂，如耕层以下土壤来源氮量的校正，非共生固氮作用形成的有机氮的损失等。乙炔还原法虽然具有较高的灵敏度，但是乙炔生成量换算为固氮量的系数常常与理论值有较大差异，为了校正这一差异，有研究人员建议在进行乙炔还原法测定的同时必须同

---

① 李庆逵、朱兆良、于天仁：《中国农业持续发展中的肥料问题》。江西科学技术出版社，1998年，第15页。

时设置 $^{15}N_2$ 气体饲喂法，除此之外还需要进行多次测定，才能测出在水稻全生育期中非共生固氮的数据，这种测试方法繁琐，不仅要多次测试，计算时还要进行校正。$^{15}N_2$ 气体饲喂法虽是一种直接测量方法，优点是可以排除其他来源氮如施用化肥氮和土壤中残留氮等的干扰，缺点是难以用来测定水稻整个生长期间的固氮量，对试验设备和技术的要求也比较高。相对来说，^{15}N 标记土壤法的最大优点是设备比较简单，还可以用来测定整个生长期间的固氮量。不过，有一个关键是对比样品的选择问题，国外学者 Ventura 和 Watanabe 在应用这一方法时，曾经试图用种旱稻的处理作为对照，后来还改用黑布遮盖盆体中的土面并种植水稻的处理作为对照。但是这两种对照都不理想，第一种由于计算得出的固氮量太高而无法解释，第二种做法由于不能用来测定稻田的异样固氮也无法用。①

朱兆良对已有研究方法进行系统的优缺点比较，他对已有研究方法已经了如指掌的程度，正是对已有研究的充分了解，他才能综合起来发挥已有的优势和避免不足来思考自己的研究方法。为弥补已有研究存在的不足，朱兆良设想以淹水培养后标记土壤中矿质氮的 ^{15}N 丰度作为计算固氮量的参比值，这一设想的一个重要条件是标记土壤中 ^{15}N 标记氮与土壤原有的氮有效性比率达到相对稳定阶段。

1981 年春天，朱兆良将从太湖地区取来的黄泥土、青紫泥和沙壤土进行匀土，做实验前的准备。这 准备，前后共用二年时间，直到 1984 年 5 月才开始正式试验。利用水稻和小麦轮作进行匀土，这样做是为了和太湖地区实际农业生产相一致。朱兆良说："这个试验最难的是试验土壤的前期准备，土壤准备工作耗时、费力。为了提高试验数据精确度，每次倒出盆内土样，都要尽量挑出根和有机残体。"② 1982 年，朱兆良招收陈德立为硕士研究生，试验后期是他的得力助手。

计算水稻非共生固氮对当季水稻吸收氮的贡献时，朱兆良和陈德立试图用旱作条件下种稻试验中收获时水稻植株的 ^{15}N 丰度作为参比值，但是，

---

① 朱兆良、陈德立、张绍林等：稻田非共生固氮对当季水稻吸收氮素的贡献.《土壤》，1986 年第 5 期，第 225-229 页。

② 朱兆良访谈，2014 年 10 月 27 日，南京。资料存于采集工程数据库。

其值与淹水种稻试验中收获时水稻植株的 ^{15}N 丰度没有明显的差异。最后，决定用淹水培养后土壤矿质氮的 ^{15}N 丰度作为参比值，他们得出在太湖地区三种水稻土在淹水种稻下，不施氮时水稻吸收氮中来自非共生固氮作用的比例，其值在 19.6%—23%，平均为 21.7%。非共生固氮量为 57—62 公斤/公顷。他认为这部分氮不应计入土壤供氮量中，以无氮区水稻成熟时的吸氮量（扣除了秧苗带入的氮）作为土壤供氮量的量度是偏高的。这一试验方法处于国际领先水平，所得到的结论也获得了国内外同行的认可。

朱兆良说这个试验对前期匀土的要求比较高，对研究人员的耐心和细心要求高，前三年就是不断处理土壤，到最后一年试验才真正开始，如果前期土壤处理不彻底，那么后期试验数据也就没有什么意义了。搞土壤研究的就是需要这样把心沉下来，认准的事情就坚持下来，他曾笑称："还是那个年代好，没有发论文的压力，放在今天就需要顶住很大压力了。"①

适宜施氮量的确定

"庄稼一枝花，全靠肥当家"。肥料的重要性人人皆知，然而，施肥并非"韩信点兵，多多益善"，盲目施肥既影响农作物的产量和质量，还会给环境带来压力，也影响人体健康。因目标的不同可以分为最高产量的施氮量和适宜施氮量，后者也被称为经济施氮量，它是指能获得最大经济收入的氮肥施用量，一般是根据产量—氮肥反应方程，以及产品和氮肥的单价计算而得。②

在常熟蹲点观察农民施肥后的水稻反应以及学习和研究陈永康丰产经验的过程中，朱兆良发现施用氮肥有一个适宜施用量的问题，这像人吃饭一样，并不是吃得越多越好，超过一个人的饭量再继续吃会给人体器官造成伤害。当时朱兆良就琢磨这件事情，想找办法解决这一问题，后来由于下放到农村就放一边了。1974 年在对苏南地区熟制改革带来的"氮肥胃口"变大问题进行调研时，朱兆良再次注意到氮肥施用量的问题，他认为："氮

---

① 朱兆良访谈，2014 年 10 月 27 日，南京。资料存于采集工程数据库。
② 朱兆良、张绍林、徐银华：平均适宜施氮量的含义。《土壤》，1986 年第 6 期，第 316 页。

肥合理施用的问题是一个综合性的课题,从土壤农化角度来看要求能够确定适宜的用量范围、施肥技术和方法。"①

在二十世纪六七十年代,一些单位通过田间试验已经对当地的主要农作物如水稻和小麦等提出了适宜施氮量的范围;与此同时,为了对不同田块提出适宜施氮量的建议,也研究并提出了一些方法如矿化法、碱解氮法,这些方法或者需要一定的测试条件,或者要求设置无氮素②,所以朱兆良和同事就想突破已有确定适宜施氮量方法的缺陷,探寻适宜施氮量的方法。

已有的确定适宜施氮量的方法都是建立在供求关系基础上确立的,所以在尝试选择确定氮肥施用量方法时,朱兆良和同事首先考虑的也是以土壤供氮量的预测为基础的供需平衡法。他在总结国内外关于这方面的研究成果后指出,以土壤供氮量的预测为基础的供需平衡法确定适宜施氮量的方法准确性不高,有两个方面的原因。

第一,太湖地区不同水稻土,在淹水培养中矿化形成的铵可不同程度地被土壤黏土矿物重新固定,其量占培养后交换性铵增量的比例变幅很大,而在用淹水培养法进行土壤供氮量的预测时,矿化形成的铵被土壤黏土矿物的再固定可能会影响到预测的准确性。此外,耕耙碎土和干燥程度的不同等也会对土壤氮素的矿化产生很大的影响。③

第二,盆栽试验中,土壤氮素有效性指标大多与不施氮时水稻的累积氮量呈高度正相关,但在田间试验中,这一相关性却很低,只能达到半定量的预测水平。朱兆良研究太湖地区稻田土壤的供氮能力后发现,耕层以下土层的供氮量占土壤供氮总量的比例,不同土壤类型之间、甚至同一类型土壤的不同田块之间的变幅都较大。④而通用的土壤测试法只采取耕层土样,忽略了犁底层土壤在供氮方面的贡献,这可能是影响预测准确性的一个重要原因。他认为如果通过加测犁底层的土壤氮素有效性指标,有可

---

① 1974年3月苏南熟制改革调研资料笔记本。资料存于采集工程数据库。
② 朱兆良、张绍林、徐银华:平均适宜施氮量的含义。《土壤》,1986年第6期,第316-317页。
③ 朱兆良、蔡贵信、徐银华等:太湖地区水稻土的氮素矿化及土壤供氮量的预测。《土壤学报》,1984年第1期,第29-36页。
④ 朱兆良、陈德立:稻田耕层以下土壤的氮素供应。《土壤》,1986年第1期,第34-35页。

能提高稻田土壤供氮量预测准确性。

由于已有确定适宜施氮量方法存在不足，加之在推广方面无法满足我国农业生产必须面对的现状：田块小且数量多，测试工作量很大；复种指数高、茬口紧，测试工作难以做到不误农时；测试设备不足、技术人员少，实际能够进行测试的样品数量极少，所以他和同事决定重新探寻一种能够满足国情需要的确定适宜施氮量方法。[①]

朱兆良认为，我国科研工作者必须研究出符合我国国情的技术和方法，来解决我们自己的问题，他一再强调："研究工作要越深入越好，研发出的技术和方法要越简便易行越好"。[②] 为寻找适合国情且操作简便的确定适宜施氮量方法，他和同事曾做过大量的试验和探索，但是进展不大，直到二十世纪八十年代才有转机。

对于科学家来说，思想与思想的碰撞往往能激发出创造性，没有相互接触，观念和经验将仍然保留为严格的个人属性；如果通过相关媒介，观念和经验就可以变成公众创新和发现的要素。一个科学家可以做出一些观察，但他没有做出合理的解释，如果这些观察不交流给其他研究者，那么它们对科学发展就没有意义，但是一旦这些观察提交给公众，有了社会互动，就有了一种可能性（更多的心灵相互接触，就有更大的可能性），即这些观察可以被一个理论所统一并系统化。[③]

1981年，朱兆良受邀到澳大利亚访学，其间他和澳大利亚联邦科学与工业研究组织的土壤所从事计算机推荐施肥研究的 Jeff. D. Colwell 博士交流，Colwell 说："澳大利亚磷肥的施用量是按照植物实际取走量来计算的，以求保持磷素平衡。"另外，他还研究了地区性平均反应曲线的方法。不过这样做的最大问题是年份之间、不同田块之间的差异如何解决。对一个地区做出建议，对不同农民可能得益不同，但是从全地区来说可以得到最

[①] 运用供需平衡法确定适宜施氮量需要做大量的测试工作，而我们国家农技推广队伍整体状况决定了无法满足这一要求。

[②] 周忠德：《甬籍院士风采录》。浙江大学出版社，2002年，第302页。

[③] 默顿：《十七世纪英格兰的科学、技术与社会》。范岱年等译。商务印书馆，2000年，第279页。

大的利益。① 与 Colwell 的交流启发了朱兆良：既然磷肥施用量可以这样确定，氮肥的施用量是否也可以通过这个方法来确定？回国后，他和同事用三年时间，对苏州地区晚稻进行"水稻产量—氮肥施用量关系"的小区试验网试验。

朱兆良和同事根据大量的田间试验结果，提出并论证了"平均适宜施氮量法"，即从一个地区内某一作物的氮肥用量试验中得出各田块的适宜施氮量的平均值，作为该区大面积该作物的氮肥适宜应用量推荐的主要依据。这既考虑了土壤供氮量预测中只能达到半定量水平的事实，又考虑了我国农村中缺乏测试条件的实际困难，因而易于在大面积上推广应用。其理论依据就是，作物产量对氮肥用量的反应曲线，在适宜施氮量附近处比较平缓，施氮量的些许变化对产量的影响很小。当时国内外在汇总氮肥用量的田间试验结果时，常常采用平均反应方程的方法，作为平均用量，这与朱兆良他们提出的"平均适宜施氮量"概念有一定的相似之处，但没有作为一种推荐氮肥施用的方法加以论证和肯定。

朱兆良提出的推荐氮肥用量的"平均适宜施氮量法"，受到国内同行的广泛好评。在中国土壤学会、江苏省土壤学会和河南省农林所分别组织的几次施肥学术讨论会上宣读后，都受到了高度评价。山东省烟台地区农科所在本成果影响下，率先采用这一方法于当地的氮肥适宜用量的推荐中。

朱兆良很清楚，他推荐的确定适宜施氮量方法，不能准确确定每一田块具体的施氮量，只能算是一个半定量，但是操作方法简便，既满足农民实际生产需要，又节约成本和减少对环境的污染。

朱兆良和同事确定的太湖地区尿素氮肥适宜用量（以纯氮计），对早稻、晚稻和小麦等作物，一般每亩分别为 8—18 斤（平均 13 斤），10—21 斤（平均 16 斤）、11—19 斤（平均为 15 斤）、13—23 斤（平均 18 斤）；这个用量比施用的硫铵多，但比施用的碳铵少。1982 年当地农民平均每亩施化肥氮高达 52.6 斤，折每季施用 26.5 斤，② 朱兆良他们确定的施氮量，

---

① 朱兆良访澳手稿附录，1981 年。资料存于采集工程数据库。

② 朱兆良、张绍林、徐银华：平均适宜施氮量的含义。《土壤》，1986 年第 6 期，第 316-317 页。

大大地节约了成本。这些科研成果，对江苏省太湖地区的农业生产起到很大的促进作用，产生了非常好的经济效益。如在太湖地区大面积推广应用后，至1988年，据苏沪浙六县的统计，累计推广725万亩，节省氮肥12.8万吨，约折3200万元，产量不受影响甚至略有提高，收到节本增收的巨大经济效益。[①]除了氮肥适宜用量的重大的学术意义外，还有显著的经济意义。

朱兆良对稻田适宜用氮量的研究取得重大成就，同样也获得国内同行的认可。史瑞和、奚振邦、沈梓培、黄东迈等人，给予了高度评价。

我国著名植物营养学家史瑞和[②]教授认为，朱兆良和同事围绕水稻高产施肥进行了系统深入的研究，主要表现为：①研究土壤氮的矿化及影响矿化的因素，阐明土壤pH，无定形氧化铁、粘粒含量、土壤结构性等对土壤氮矿化的影响，并提出了氮素供应强度、容量、持续时间等概念，为双季稻对土壤供氮早发性的要求，应适当提高氮肥用量，提供了理论依据；②研究稻田土壤供氮量的构成和土壤供氮量的预测，提出田间试验无氮区水稻成熟时地上部分累积氮量作为供氮量的量度，在国内特别是苏州地区得到

图4-1 稻田土壤的供氮能力和氮肥施用量的推荐获国家科学技术进步奖二等奖证书（陈加晋拍摄）

---

① 稻田氮肥的供氮能力和氮肥施用量的推荐科学技术成果鉴定书，1988年10月。资料存于采集工程数据库。

② 史瑞和（1917-2004），江苏溧阳人，中国著名土壤肥料科学家，南京农业大学教授，博士生导师。长期从事土壤、植物营养的教学和科研工作。1945年，被国民政府农业部选派赴美实习一年，1948-1952年分别在美国佛罗里达大学土壤系和俄勒冈州立大学土壤系获硕士和博士学位。在留美期间，史瑞和潜心研究土壤磷的形态及其有效性问题。他首次阐述了长期旱作对土壤有效磷的影响，同时用 ^{32}P 研究了各种形态磷的有效性，是早期利用同位素研究土壤磷的学者之一。

广泛的应用，取得巨大的经济效益；③在氮肥用量推荐方面，考虑到土壤供氮量的预测尚只能达到半定量水平，提出并论证了平均适宜施氮量作为推荐施氮量的主要依据，这为大面积生产中掌握氮肥用量提供了简便易行的方法；④研究氮肥的激发效应，阐明激发效应的意义，提出了新的认知；⑤研究耕作制度对土壤肥力的影响。从单季稻改为双季稻，研究稻田土壤中氮的供应特性有重要意义，在今天，从常规耕作改为免耕种植研究土壤中养分供应特别是氮的供应，更有重要意义。①

黄东迈认为，土壤供氮量的预测国际上有多种方法，而 NaOH 扩散法和蒸馏法是目前国内氮肥推荐技术中应用最普遍的比较有效的一种，本工作在 1962 年即提出采用此法，在国内确实最早，影响较大。在推荐施肥技术中，以氮肥推荐最为复杂，国外对磷钾肥的推荐应用甚广，对于稻田氮素的供应与氮肥推荐，在国内近年虽研究较多，但本成果所发表的系统研究论文学术水平较高，不少论文具有独到见解，而且充分总结应用了国内外有关进展，学术上居于前列。从总体上评价，本项研究在学术上具有国际水平。②

奚振邦认为，该项研究在理论上有创见，在国内最早提出了表征土壤氮素供应状况的容量、强度和供应过程特点的概念；首次完成了水稻土非共生固氮量的测定；从土壤氮素平衡角度最为系统地研究了土壤氮素供应量的预测技术和水稻适宜施氮量的推荐方法，研究成果应用于生产实践时，获得了巨大的社会经济效益。该研究处于国内领先，达到国际水平，建议作为重大科研成果予以上报。③

进入新世纪后，我国面临着越来越严重的环境压力和粮食安全压力。为验证曾经推荐的确定适宜施氮量方法是否能够满足新的要求，2003—2004 年，朱兆良与同事在太湖地区进行氮肥施用量的水稻田间试验网工作。④这次研究工作让他们清晰找出水稻施氮量与产量和氮肥损失之间的

---

① 稻田氮肥的供氮能力和氮肥施用量的推荐科学技术成果鉴定书，1988 年 10 月。资料存于采集工程数据库。
② 同①。
③ 同①。
④ 这是国家自然科学基金委员会在 2003 年春天启动的题为"主要农田生态系统氮素行为与氮肥高效利用的基础研究"重大项目的一部分研究内容。

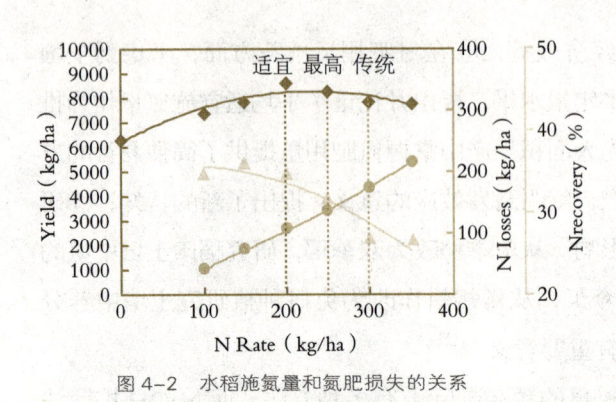

图 4-2 水稻施氮量和氮肥损失的关系

关系，如图 4-2。并在综合国内外已有的施氮量推荐技术原理的基础上提出了"区域宏观控制与田块微调相结合"的施氮量推荐原则，并从高产和环境相协调的角度进行了评价，确定了当前生产条件下的适宜施氮量。这对于提高氮素利用效率、减少农田氮素损失与环境压力，保障农业可持续发展具有重要科学意义和实践价值。[①]

朱兆良结合当时在华北地区的研究成果，得出在太湖地区适宜的施氮量是 199 kg/ha，华北地区小麦、玉米适宜施氮量分别是 154 kg/ha 和 176 kg/ha。这个施氮量兼顾了氮肥的农学效益和环境效益，特别是对农作物产量影响不大。

表 4-1　区域氮肥总量控制的产量与环境效应

项　目	施氮量（kgN/ha）	产量（t/ha）	氮肥利用率（%）	损失量（kgN/ha）
太湖地区水稻			
农民施氮量	300	8.0	27	150
区域总量控制	199	8.4	34	100
华北平原小麦			
农民施氮量	369	5.8	16	202
区域总量控制	154	6.0	31	49
华北玉米			
农民施氮量	244	8.5	13	125
区域总量控制	176	8.9	24	77

（说明：土壤残留硝态氮含量控制在 85—90 kg N/ha；表中太湖地区数据来源 2003—2006 年二十六个试验。）

---

① 中国农业大学资源与环境学院：科研简讯。《中国农业大学学报》，2007 年第 5 期，第 40 页。

试验结果再一次证明，朱兆良在二十世纪八十年代推荐的确定适宜施氮量方法是可行的。为解决个别田块由于施氮量的偏差带来农作物产量降低问题，朱兆良和同事建议采用"区域平均适宜施氮量作为宏观控制的基础，结合田块具体情况进行微调"的确定适宜施氮量的方法，[①] 这一方法提出后经过多年在多个地区的大田试验证明，在现有农业生产条件下，不但能满足农民生产需要，还降低农民经营成本，同时也具有保护环境的功效。

不过，朱兆良进一步指出，区域平均适宜施氮量值应随着农作物品种的更新、栽培技术水平的提高、生产条件的变化，通过试验重新确定，而不是僵化不变的。他认为只有这样才能获得氮肥的农学效益、经济效益与环境效益的统一。

农田化学氮肥去向研究

朱兆良从二十世纪七十年代开始研究农田系统化学氮肥去向问题，他首先选择在稻田系统进行研究，接着在黄淮海潮土地区进行研究，最后是在太湖地区水旱轮作系统进行研究。朱兆良首先选择在稻田系统进行研究的原因：第一，太湖流域是我国重要的水稻生产区；第二，我国是世界上最大的水稻生产国，搞清水稻田中氮肥的损失机制具有重大的科学和实际意义；第三，我国土壤氮素研究起步较晚，我国开始研究时，国外在旱地上已有大量的研究成果。所以，不论从解决我国农业生产中面临的问题，还是弥补已有研究领域的不足，以及研究的便利上考虑，研究稻田氮肥问题都是最佳选择。

---

① 所谓"区域平均适宜施氮量"，是指在同一地区同一作物上，在基本一致、广泛采用的栽培技术下，从氮肥施用量试验网中得出的各田块最大经济效益时的施氮量的平均值。

稻田中化学氮肥的去向

1967年，国外有人用盆栽试验的方法获得关于稻田中氮肥去向方面的研究，到上世纪七十年代初期开始有田间微区试验报告发表，据国际肥料发展中心的统计，截至1982年，国际上共公布有关试验十五个，四十四个化肥氮损失的数据，但其中只有四个试验的十三个数据是从田间微区试验中得出的。朱兆良和同事于1974年在国内首次在田间微区试验中研究了 ^{15}N 标记氮肥的去向。这说明在稻田氮肥去向方面的研究，朱兆良和他的同事从开始就走在世界的前列。

朱兆良和同事于1974年前季稻期间，在无锡东亭大队进行试验。他们选择把试验布置在两块由湖积—冲积物母质发育的潴育性水稻土上，设计了相同的肥料试验，供试的两块田土壤质地为黏壤土，通透性较差。最后他们的结论是水稻对返青后施用的 ^{15}N 标记硫酸铵的利用率为43%左右，残留在表层土壤中为20%左右，下层约在2%以下，氮素损失为35%左右。由于选择土壤的性质决定了淋失损失的氮量极少，所以推测35%的损失可能是反硝化造成的。后来随着氨挥发损失定量研究后，通过差值法就可以算出硝化—反硝化损失的量。[①]

朱兆良对我们说："试验采用的同位素标记方法，还是李庆逵的指点。当时我们刚从农村回来，离开研究工作岗位几年了，也不了解什么学术动态。后来李庆逵的美国同学到所里来，我们一起聊了聊，发现研究的问题和使用的研究方法都是一样的。"[②] 这个试验，是他们研究稻田氮肥去向的开端，在以后的十三年中除室内试验外，他们还在无锡东亭、镇江丹阳练湖农场等地采用国际上先进的微区试验和微气象学[③]技术进行氮肥去向的研究。

---

① 朱兆良、蔡贵信、俞金洲：稻田中 ^{15}N 标记硫酸铵的氮素平衡的初步研究．《科学通报》，1977年第11期，第503-504页。

② 朱兆良访谈，2014年9月25日，南京。资料存于采集工程数据库。

③ 在镇江练湖农场采用微气象学方法原位观测氨挥发所用的设备是澳大利亚专家带来的，试验也是和他们一起进行的。后来在黄淮海平原进行的原位观测氨挥发试验时朱兆良、蔡贵信都学会如何使用设备了，并且设备也是由澳大利亚赠送，蔡贵信访学结束后带回国来的。

朱兆良和同事前后在我国水稻产区主要土壤类型上共进行了九个 ^{15}N 标记氮肥的田间微区试验，获得了不同条件下化肥氮损失的数据共四十九个，明确了我国稻田中化肥氮的损失一般

图 4-3　田间微气象法测定氨挥发试验（朱兆良提供）

占施入氮量的 30%—70%。也明确了土壤性质不同、施肥方法不同、施肥时间不同，氮肥损失的途径也不同。他们的研究成果主要表现在以下四个方面。[①]

第一，在石灰性土壤上氮损失大于非石灰性土壤；碳铵的损失大于尿素，后者大于硫铵；做基肥或分蘖肥表施和混施的大于在生长中期作追肥表施的；粒肥深施的损失最少，约在 20% 以下；氮素损失在施肥后十天或更短时间内接近完成，主要为气态损失，其中氨挥发所占比例取决于土壤和灌溉水的 pH、氮肥的性质、施肥后田面水中存留的氮量以及藻类生长、气象条件等。在石灰性土壤上，碳铵和尿素作水稻基肥混施时，氨挥发量可达施用量的 39% 和 30%，分别占各自总损失量的 54% 和 48%。这表明，即使在那种十分有利于氨挥发的条件下，氨挥发的重要性也只与硝化—反硝化作用相同，因而不能对其重要性作过高的估计；另一方面，即使是在微酸性土壤上，碳铵和尿素作基肥混施时，氨挥发仍占其总损失量的三分之一和五分之一，尤其是碳铵。

第二，在田面水中藻类的生长可使白天田面水的 pH 高达 10 左右，在稻麦轮作制中，只有在灌水后藻类才可能大量生长，所引起的田面水 pH 显著上升时间出现在碳铵的氨挥发高峰之后，但却与尿素的氨挥发高峰相遇。因此，藻类的生长并不促进碳铵的氨挥发，但却促进了尿素的氨挥发。由于石灰性土壤的偏碱性反应，并施以磷肥，加之强烈的光照促进了

[①] 朱兆良："稻田中化肥氮的损失"研究成果的内容简介。资料存于采集工程数据库。

藻类的生长，因此加剧了氨挥发的程度，而在微酸性土壤上，以及在弱的光照条件上，则藻类的生长并不明显，氨挥发造成的损失不明显。

第三，稻田中化肥氮的不同损失途径之间有一定的内在联系，例如，硝化抑制剂虽可延缓铵的硝化作用，从而降低反硝化损失，但却可能促进氨挥发。因为氨是硝化—反硝化和氨挥发两个过程的共同来源，因此，硝化抑制剂并不一定能减少铵态氮肥的总损失，这是使用硝化抑制剂需要注意的问题。

第四，对尿酶抑制剂作用的研究表明，尿酶抑制剂虽能延缓尿素的水解，但却不一定能减少氨挥发，这可能与施肥后一段时间内气象条件的变化有关。将氯化铵混入尿素一起施用，使田面水的 pH 明显低于尿素单施，但在氮素损失方面并无明显的交互作用。在无水层下混施氮肥，比有水层混施可以减少损失 11%—20%。因此，减少施肥后存留于田面水中的氮量，应是稻田中氮肥合理施用的一项原则。

氮肥是水稻生产的主要投入之一，氮肥的表观利用率不足 30%（碳铵）和 30%—40%（尿素），损失严重。因此，减少氮素损失，提高氮肥增产效果的研究具有十分重要的意义。朱兆良和同事的试验，覆盖了我国水稻产区三种主要土壤类型，氮肥品种则包括了上世纪八十年代我国生产上使用的主要化肥是碳铵和尿素，他们研究所取得的资料在系统性和完整性方面都是国内外非常少见的。

潮土—作物系统中化肥氮的去向

对太湖地区稻田氮肥去向研究完成后，朱兆良和同事又转向黄淮海平原潮土地区土壤氮肥去向的研究。关于土壤—作物系统中化肥氮损失途径的研究，国内外都趋向于在田间进行原位观测，以期明确氮素的损失中不同机制和途径的相对重要性，以及有关的影响因素。

黄淮海地区是我国粮棉等作物的主要种植区，是我国七个[①]主要农业

---

① 七个主要农业区是指太湖地区、红壤丘陵区、黄淮海平原区、珠江三角洲、成都平原、松辽平原和渭河地区。

区之一，每年消费的化肥氮量约占全国消费量的三分之一。1981年，朱兆良在澳大利亚访学期间，学习了如何测量农田氨挥发的技术，1983年上半年，他又让同事蔡贵信去访学，蔡贵信在澳大利亚不仅学习了关于氨挥发测量技术，回国时还带回一套测量氨挥发的设备。可以说，当时南京土壤所的氮课题组在朱兆良的带领下已经掌握了田间氨挥发的原位观测技术（微气象学技术）。这种研究在国内尚未见报道，在国外也极少进行。因此，朱兆良和同事当时利用微气象学方法在河南封丘周口村进行田间氮肥的氨挥发损失观测在技术上是可行的，同时也是一种创新。他们在试验方法上还结合中期田间微区的方法，对化肥氮的去向和损失进行定位研究。

朱兆良和同事对黄淮海平原潮土的养分供应能力和化肥经济施用的研究取得如下成果。氮肥方面，明确了在习惯施用技术下氮肥的损失是，水稻近70%，小麦约40%，玉米约30%。这种差异主要是由于施肥深度不同所致，这从另一方面说明不同土壤—作物系统中减少氮肥损失，提高氮肥利用率的潜力大小；同时说明在沙壤质潮土有灌溉条件的情况下，小麦应避免基肥中无机氮肥用量过多和追肥后随即灌水的施肥技术；明确了稻田化肥氮损失中氨挥发的特点，提出了稻田中应力求减少施肥后溶于田面水中含氮量的原则，根据这一原则制定了氮肥作基肥和追肥的配套施用技术，可比习惯施用技术减少损失10%—35%，每千克氮肥平均多增产稻谷4千克，增产效果50%。[①]

1997—2001年，朱兆良和同事还在河南封丘潮土上进行田间原位研究，根据研究，小麦和玉米上

图4-4 河南封丘田间观测稻田氨挥发安装调试设备
（左一朱兆良、左二Jeff Simpson、左三赵其国、左四谢建昌。朱兆良提供）

[①] "黄淮海平原潮土的养分供应能力和化肥经济施用的研究"技术成果鉴定书，1990年9月。资料存于采集工程数据库。

图 4-5 朱兆良在河南封丘站实验室内对氨挥发进行测试（1986 年，朱兆良提供）

的氨挥发和硝化—反硝化损失主要受氮肥施用方法、施肥后的气温、降雨以及土壤水分状况等因素的影响，其中，氮肥施用方法对氨挥发影响特别大，而土壤水分状况对硝化—反硝化损失的影响更为显著。玉米地上尿素氮的损失远高于小麦地。为了减少由氨挥发带来的氮损失，他们筛选出可降低稻田中氮肥氨挥发损失10%—20%的"抑氨膜"，该膜能明显减少水分蒸发，提高稻田田面水的温度，多点田间小区试验显示，施用该膜可使水稻增产4%—12%。

研究完稻田系统和旱作系统氮肥去向问题后，朱兆良又转战水旱轮作系统：一是，从轮作制的角度出发，研究水旱轮作制中化肥氮的损失已有的研究较少；二是，为了增加粮食产量，在自然条件许可情况下，农民都是实行轮作制。

化学氮肥的损失程度

二十世纪七八十年代，我国土壤氮素研究人员在水稻上已进行许多 ^{15}N 田间微区试验，朱兆良和同事在江苏太湖地区也做过此类试验。通过对已有研究成果的汇总朱兆良发现：[1]在石灰性土壤上氮肥的损失高于非石灰性土壤；在非石灰土壤上，氮肥表施或混施时，碳酸氢铵的氮素损失为最高，其次是尿素，而以硫酸铵为最低。但是，在石灰性土壤上，这种差异不明显；氮肥做基肥时，氮素的损失以表施为最大，混施与之相近，粒肥深施为最低；基肥表施（包括分蘖期表施）或混施的氮素损

---

[1] 朱兆良：《稻田氮肥的损失和稻田土壤的供氮能力》。转引自：中国土壤学会：《中国土壤科学的现状与展望》。江苏科学技术出版社，1991年，第112页。

失最高，而以穗分化期表施的为最低。除粒肥深施外，稻田中氮肥的损失率多为 30%—70%，其中值约为 50%，朱兆良认为这个数字偏低了，因为，在大多数试验中所用微区的面积都很小，在小的微区中由于区壁的遮阴和挡光作用，而使测得的氮肥损失率明显低于在直径为 1.2 米的微区中测得的结果；肥料氮与土壤氮之间的生物交换作用，降低了土壤中肥料 ^{15}N 的浓度，从而减少了 ^{15}N 的损失，其减少的程度应等于土壤氮损失的程度。

在旱作土壤中氮肥的氮素损失有随氮肥用量的增加而增多的趋势。在缺磷、缺钾的土壤上，施用磷肥和钾肥，可以显著减少氮素损失。在石灰性土壤上硝铵深施，或非石灰性土壤上碳铵深施，都比表施或深施一寸的氮素损失少，这可能与深施减少了氨挥发损失有关。

氮肥损失的途径

朱兆良与蔡贵信等以稻田土壤为主，先后在江苏、浙江、江西、河南等地，用微气象学方法在田间观测氮肥的氨挥发损失，同时利用 ^{15}N 标记氮肥的田间微区试验测定氮肥总气态损失，然后利用总气态损失减去氨挥发得出硝化—反硝化（表观）损失量。

朱兆良通过 ^{15}N 田间微区试验和不同损失途径田间原位观测数据，并结合上世纪九十年代末国内有关单位的大量田间观测数据（主要是谷类作物），从宏观上对我国农田中化肥氮的去向进行了粗略估计。

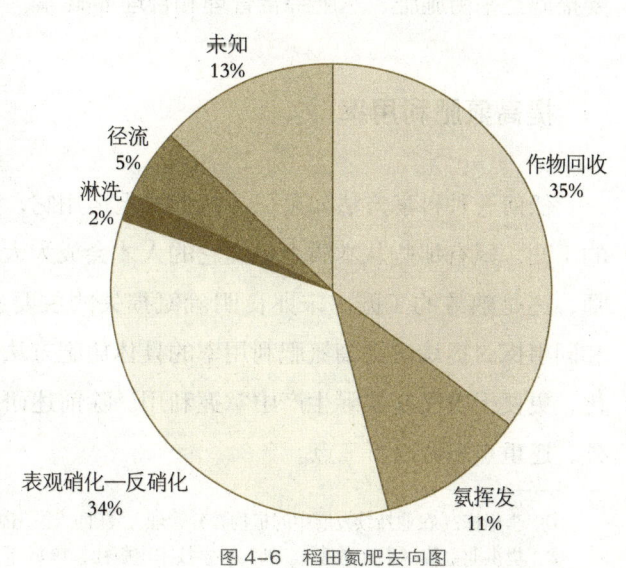

图 4-6　稻田氮肥去向图

他认为我国化肥氮的当季利用率约为35%，已知损失率约52%（其中氨挥发11%。硝化—反硝化损失34%，淋洗损失2%，径流损失5%），未知部分约为13%。

研究证明，在稻田氮肥当季所有损失途径中，淋洗损失很低，氨挥发和硝化—反硝化是主要损失途径，氮肥施用后其损失迅速达到最大值。了解了氮肥损失途径以及每一种途径损失的比例后，朱兆良得出结论：我国氮肥利用率总体不高，提高利用率的潜力很大，关键在于减少其损失。根据自己试验结合已有研究数据后，朱兆良提出提高氮肥利用率的原则和技术：①避免土壤中矿质氮含量过高，并据此提出：控制氮肥的适宜施用量，以及推广分次施肥、施用缓/控释肥料等；②提高作物对矿质氮的竞争吸收能力：推广平衡施肥技术、消除影响作物生长的旱涝限制因素等，以使作物生长正常、吸收能力强，避免在作物生长早期根系吸收能力较弱时过量施肥，把施肥重点放到作物生长旺盛、根系吸收能力强的需肥高峰期；③针对具体条件下氮损失的主要途径（氨挥发或硝化—反硝化等）采取相应对策和技术：脲酶抑制剂、硝化抑制剂、深施以及水稻田中的肥水综合管理；④消除其他养分缺乏及旱涝等限制因素对作物生长影响，提高根系竞争性吸收能力，以便更好发挥作物根系竞争性吸收的有利作用。主要措施是平衡施肥、水肥综合管理和合理灌溉等。①

提高氮肥利用率

任何一种科学方法如果只会从形式上运用它，充其量不过是一名熟练的工匠，只有那些从本质上把握它的人才会成为大师。②朱兆良不仅是大师，还是熟练的工匠。朱兆良明确氮损失的主要途径和影响因素后，又和同事探讨提炼出提高氮肥利用率的具体施肥方法，以利于科研成果的转化，更便于农民在实际生产中掌握利用。除前述研究推荐确定适宜施氮量外，还重点强调以下三点。

---

① 李华栋：《农业持续发展中的植物养分管理》。江西人民出版社，2008年，第326-330页。
② 樊洪业主编：《院士故事》。浙江科学技术出版社，1996年，第206页。

第一，前氮后移。

前氮后移是利用氮肥去向三部分（作物吸收、损失和土壤残留）之间的竞争关系达到减少损失、提高利用率目的。

农作物生长早期根系不发达，对养分需求也不多，此时如果施氮量过多，损失就会高。若减少早期的氮肥施用量，避免土壤中矿质氮含量过多积累，则有利于减少氮肥损失。农作物生长茂盛期，植物根系发达，吸氮能力强，地上部分的茎叶茂盛，可以减缓风速，进而降低氨挥发，减少氮肥损失，所以这个时期施用氮肥，既减少损失又能保证农作物产量不受影响。

图4-7 稻田节氮水肥综合管理技术成果证书
（陈加晋拍摄）

第二，施及减少田面水中氮量。

李庆逵很早就对碳酸氢铵粒肥深施进行研究，深施可以减少氨挥发带来的损失，在降低氮肥损失方面效果不错，但是深施氮肥会与农作物生长发育产生一定矛盾。因为农作物生长早期，根系不发达，深施氮肥后导致其吸收养分比较困难，易出现农民说的"晚发"现象。为解决这种矛盾以及纠正农民传统施肥技术，朱兆良和同事通过对稻田中氮肥的氨挥发原位观测和影响因素的研究，提出了水稻田氮肥合理施用的原则："力求减少氮肥施用后存留于田面水中的氮量。"[①]

第三，无水层混施。

朱兆良曾观察到常熟当地农民在插秧之前，一般是在田面有水层情况下撒施氮肥，再经耙混，然后插秧。这种施肥方法被称为"有水层混

---

① 朱兆良：稻田节氮的水肥综合管理技术的研究.《土壤》，1991年第5期，第241-245页。

第四章 土壤氮素的系统研究

施"，凭经验他认为这种方法不利于提高氮肥利用率，试验结果也证明这种施肥技术确实不能提高氮肥利用率，其原因是：这种在田面存在水层的情况下，施入的氮肥虽经耙混，但大量的氮肥仍存留于田面水中，极易通过氨挥发而损失。为纠正农民不科学的施肥方法，他在试验和总结已有关于深施氮肥技术基础上，提出"无水层混施"施肥方法或者犁沟条施法施用水稻基肥。朱兆良与同事提出的施用基肥的技术与中国水稻研究所提出的"以水带氮"追肥法相结合，组成了稻田节氮的基追肥配套技术，称为"稻田节氮的水肥综合管理技术"。研究表明，该技术的氮肥损失比习惯法低 16%—38%，利用率平均提高 12% 和 16%，每千克化肥氮平均多增产稻谷 4.9 和 5.1 千克，每亩平均增产 12.2% 和 11.5%。这一技术经国际微机网近二十年资料检索结果证实，国内外尚未见这类综合技术的报道，项目鉴定组一致认为，该项成果在总体上达到国际先进水平。[①]

土壤中氮磷的生物化学行为

在世界范围内，土壤养分缺乏是影响作物产量的重要因素，化肥工业的发展及化肥的应用无疑对提高作物产量、解决世界粮食问题起到了决定性的作用。上世纪八十年代我国化肥用量占世界总用量的三分之一，到上世纪九十年代，我国化肥产量和用量均居世界首位，而生产量只能满足国内 70% 的需求，每年仅进口化肥就要花费数十亿美元。然而，我国化肥利用率偏低，每年施用的大量化肥有很大的比例或以各种途径损失或迁移至环境中，或累积于土壤中，这不仅影响农民的经济收益，而且也对环境产生明显的不良影响。同时，氮、磷肥在土壤中的累积量也相当惊人，施入农田的磷肥，一季作物的利用率一般在 20% 以下，其余均累积于土壤中，土壤本身已成为一个巨大的潜在磷库。如何高效利用土壤中累积的养分，同时减少养分向大气及水体环境中的损失，从而达到土壤—作物—大气体系中氮、磷的良性循环，已成为协调作物高产与环境保护间矛盾的一个重

---

① 朱兆良："稻田节氮的水肥综合管理技术"技术成果鉴定书，1991 年。资料存于采集工程数据库。

要课题[①]。为此，朱兆良参与李振声院士[②]的"挖掘生物高效利用土壤养分潜力，保持土壤环境良性循环"项目，并于1997年3月20日被批准为国家自然科学基金重大项目。

该项目的研究思路是围绕我国农业生产中存在的氮磷营养元素在土壤中损失或积累的数量大，作物利用效率低以及对环境的污染问题开展研究，期望达到两方面目标：①揭示小麦等作物通过根系与根际微生物活动，改善土壤生态环境，活化土壤中难溶性营养元素（以磷为主），提高其利用效率的机理；同时从小麦及其具有远亲遗传背景的杂种中筛选能活化和高效利用土壤养分的种子资源；研究其遗传控制与品种改良技术，开辟作物高效利用土壤营养元素育种新途径。②查明氮、磷营养元素施入土壤后的去向，提高它们的利用效率，减少它们对环境的排放和污染，为高效肥料的研究和农作物持续增产提供科学依据。朱兆良主要对其中"土壤中氮、磷生物地球化学行为"进行了研究[③]。

氮、磷既是作物的重要营养元素，又是环境污染物。农业的可持续性发展要求保持和提高土壤肥力、充分发挥投入农业中氮和磷的生产效用，并避免其对环境可能产生的危害。对我国来说，由于人多地少，粮食生产的压力大，化肥、特别是氮肥和磷肥的消费量很大，这些问题的妥善解决就更具有其特殊的重要性。解决这些问题的理论基础是农田土壤中氮、磷的生物地球化学行为，它是国内外有关专家长期以来所共同关注的一个重要研究课题。

---

① 李振声、朱兆良、章申等：《挖掘生物高效利用土壤养分潜力保持土壤环境良性循环》。中国农业大学出版社，2004年，第1页。

② 李振声，1931年生于山东省。1951年毕业于山东农学院。先后在中国科学院遗传选种实验馆、中国科学院西北农业生物研究所、中国科学院陕西省西北植物研究所、中国科学院遗传与发育生物学研究所从事小麦遗传育种研究。曾任中国科学院陕西省西北植物研究所所长，中国科学院西安分院、陕西省科学院院长，陕西省科协主席，中国科学院副院长，中国科协副主席、中国遗传学会理事长等职。1990年当选第三世界科学院院士，1991年当选中科院院士。先后获全国科学大会奖、国家技术发明一等奖、陈嘉庚农业科学奖、何梁何利科技进步奖、中华农业英才奖等。李振声院士主要从事小麦遗传与远缘杂交育种研究，取得了令人瞩目的科学成就，同时开展了农业发展战略研究。

③ 李振声、朱兆良、米国华等主编：《挖掘生物高效利用土壤养分潜力保持土壤环境良性循环（论文集）》，内部资料，1999年。

朱兆良与同事以农田生态系统氮、磷循环中的三个重要科学问题即：土壤有机氮的稳定性机理，农田生态系统中化肥氮的损失机制及对策，以及土壤中积累态磷的化学行为与生物有效性作为他们的研究对象，他们的研究内容主要包括：①土壤有机氮稳定性机理和生物有效性的研究，包含：土壤有机质中不同含氮组分的结构特征及其生物降解性；酚类化合物与多肽的相互作用，反应产物的结构和生物降解性。②农田土壤中化肥氮的损失机理和途径及其定量评价，包括：稻田土壤中硝化—反硝化损失测定方法的研究和主要发生机制的定量评价；旱作土壤中化肥氮损失途径的定量评价。③减少农田中化肥氮损失、提高氮肥利用率的对策研究，包括：抑制稻田中氨挥发的水面分子成膜物质及其作用机理的研究；新硝化抑制剂的研究及其作用机理的研究。④土壤中积累态磷的化学行为和生物有效性的研究，包括：积累态磷的生物有效性、形态转化及其影响因素、积累态磷的活化动力学研究[①]。

主要农田系统氮素行为及利用研究

学科与生产的需求

国家自然科学基金委员会在 2003 年春天启动的题为"主要农田生态系统氮素行为与氮肥高效利用的基础研究"重大项目，朱兆良和张福锁[②]

[①] 李振声、朱兆良、米国华等主编：《挖掘生物高效利用土壤养分潜力保持土壤环境良性循环（论文集）》，内部资料，1999 年。

[②] 张福锁，1960 年生，陕西凤翔人。中国农业大学教授，博士生导师，中国农业大学资源环境与粮食安全研究中心主任、教育部科技委农林学部副主任、全国测土配方施肥技术专家组组长，教育部长江学者特聘教授、国家自然科学基金创新群体和国家科技部"973"项目首席科学家。主要从事植物根际生态调控与养分资源综合管理的基础和应用研究。先后主持国家自然科学基金优秀中青年人才专项基金、重点项目和重大项目、国家重点基础研究规划和国家攀登计划、教育部首批跨世纪人才基金等项目。1994 年获国家自然科学基金委首批国家杰出青年基金。（转下页注）

是项目的主持人，这也是朱兆良迈入古稀之年后给自己布置的一个任务。七十岁的朱兆良本应该享受天伦之乐，但是他还牵挂着我国粮食安全，牵挂化肥的盲目施用带来的一系列问题。

　　自从出现农业，人类就不同程度地介入了农田氮循环过程，迄今对农田氮循环的研究已有一百五十多年的历史，不同时代，侧重点不同。从十九世纪中期至二十世纪中期，全球氮循环研究主要围绕农业生产效率的提高。自二十世纪六七十年代起，生物地球化学氮循环及其对全球和区域生态环境的影响成为新的关注点。[①] 我国土壤氮素研究工作一开始就处于氮的农学效益和环境效益的两难抉择中，面对粮食产量是压倒一切的任务，我们在二十世纪的研究工作注重于氮素的农学效益。进入二十一世纪后我国化肥施用总量约占全球总施用量的三分之一，人口已超过十三亿，对粮食需求量依然很大。可是氮肥的边际效益特别是高产地区边际效益越来越低，给环境带来很大压力，已有的研究成果又是零散，不利于全盘把

图4-8　自然科学基金重大项目验收会现场（2007年。第一排左一张福锁，左二朱兆良，左三李振声，左四吴平。朱兆良提供）

（接上页注②）同年获国家教委科技进步一等奖，1995年获人事部国家级有突出贡献的中青年专家称号和北京市先进工作者称号，1997年获农业部科技进步二等奖，2002年、2004年获北京市科技进步二等奖，2005年获国家自然科学奖二等奖，2008年获国家科技进步奖二等奖，2014年获发展中国家科学院农业科学奖，同年被选为欧亚科学院院士。在 Science、Nature、《美国科学院院报》（PNAS）等国际著名刊物上发表论文三百余篇，出版著作三十余部。

① 邢光熹、赵旭、王慎强：《论中国农田氮素良性循环》。待出版。

握,因此需要一个系统的、针对主要产粮区农田氮循环研究,探讨如何实现农学效益与环境效应相协调这一涉及众多学科的全球性的重大科学命题。

我国是世界氮肥消费大国,氮肥对农业发展贡献很大。我国粮食年总产量与氮化肥年施用量呈高度线性相关,但是,自二十世纪八十年代以来,化肥氮大量增加的同时,其增产效果已明显下降[①]。同时大量研究表明,我国农田中氮肥利用率仅为30%—35%,高产地区小于30%,而损失率达45%—50%,因此,减少损失、提高利用率的潜力很大。由于盲目施用氮肥,一些高施氮地区农田土壤中矿质氮明显积累,对环境存在潜在威胁,因此减少损失、避免农田土壤中矿质氮的过量积累是提高氮肥利用率和增产效果的潜力所在,同时也是减轻氮肥对环境压力的关键。因此,提高氮肥利用率和增产效果,减少农田中氮肥损失及其对环境的压力,是协调高产与环境保护、保证农业可持续发展的一项十分重要而紧迫的任务,实际上,这也是世界上广泛关注的问题。

为此,朱兆良和张福锁组织了土壤学、植物营养学和遗传学等多个领域的专家学者,以自然基金重大项目为依托,在新形势下研究我国农田土壤氮循环问题。其研究目标是"进一步阐明我国主要农田生态系统中土壤氮素转化和迁移规律、损失途径及生态、环境效应,基本明确作物高效利用氮肥的生理机制和遗传学基础,并提出调控作物氮肥高效利用的原理和方法。"[②]

国内外关于农田生态系统化肥氮的去向(转化、迁移、作物吸收)、作物高产的氮素营养,以及氮素对环境的影响已分别进行了长期、大量的研究。其主要包括:①农田中化肥氮的去向(作物回收、土壤中残留、损失)及其影响因素是其中的基础研究内容之一;②作物对氮素的吸收和利用。这些研究成果是在作物生长下化肥氮在土壤中转化和迁移的综合结果,也是研究氮肥的农学效应和环境效应的共同基础。

当时,朱兆良、张福锁和团队人员以太湖流域稻—麦轮作体系和华北

---

① 朱兆良:氮素管理与粮食生产和环境。《土壤学报》,2002年增刊,第1—11页。
② 朱兆良、张福锁:《主要农田生态系统氮素行为与氮肥高效利用的基础研究》。科学出版社,2010年。

平原小麦—玉米轮作体系为主要研究对象，在综合考虑灌溉策略、耕作方式和栽培因素的条件下，对农户常规施氮方式和分期动态优化施氮方式的氨挥发、硝化—反硝化、淋洗损失进行田间定点研究，找出不同因素组合（灌溉方式、耕作方式、施氮方式）条件下氮素损失的主要途径，评价其环境效应，并提出有针对性的阻控措施。

水稻—小麦轮作体系中的土壤氮素循环

长江三角洲跨越江苏、浙江、上海三省市，为中、北亚热带季风气候，日照、气温、降雨均适宜水稻、小麦和油菜等作物生长，是中国水稻—小麦主要轮作区。二十世纪七十年代以前，长江三角洲水稻—小麦两熟农田养分平衡主要靠人和畜禽粪尿，以及少量化学氮肥和以紫云英为主的冬季绿肥的调控来补偿由水稻、小麦等作物收获带走的氮、磷、钾等营养物质，在太湖地区，当时还普遍实行沤制草塘泥作肥料。当时向环境排放的氮化物接近于自然循环的水平或水体能自净水平，因此，当时几乎没有氮、磷等物质污染水体之忧，人与自然处于相对和谐状态。自二十世纪九十年代起，太湖地区的工农业生产发展和人口增加都十分迅速，为了满足人口对粮食的需求，化学氮肥的生产和消耗量大大增加，农田的氮平衡发生根本变化，人和畜禽排泄物也很少作为肥料使用，而是大部分直接排入河网。根据统计，2002年长江三角洲经济区输入的氮总量为2.94 Tg，单位国土面积负荷量约为291 kgN/（$hm^2 \cdot a$），是1995年全国单位面积氮输入量64 kgN/（$hm^2 \cdot a$）的4.5倍，而处于长江三角洲中心地位的太湖地区1995年陆地氮的输送通量已达30000 kgN/（$hm^2 \cdot a$），超过西欧北海沿岸国家21倍。氮素是生命元素，氮肥是作物增产的要素，但人为扰乱的氮循环产生的过量氮氧化物和氮氢化物，危害着人类的生存环境。控制氮肥用量，合理施用，成为当时亟待解决的问题。[①]

为了研究水稻—小麦农田系统适宜氮肥用量，朱兆良和团队成员利用

[①] 朱兆良、张福锁：《主要农田生态系统氮素行为与氮肥高效利用的基础研究》。科学出版社，2010年，第29–31页。

大型原状土柱渗滤水采集器对水稻—小麦两季不同施氮条件下作物对肥料氮的利用率、土壤残留率、排放到大气的 NH_3 和 N_2O，以及迁移到水体的不同形态氮的数量进行研究。

根据试验与计算，水稻、小麦对化肥氮的利用率不同，小麦季高于水稻季，这一方面是由于水稻生长在稻田淹水期间，土壤氮矿化量和自生固氮量高于小麦生长季，另一方面是由于水稻生长季通过灌溉水带入了大量的氮，而且水稻季湿沉降氮也略高于小麦季，从而减少了对化肥氮的利用。

水稻生长季不同施氮量的利用率差异不大，施氮从 100 kgN/hm² 到 200 kgN/hm² 时略有增加，到 300 kgN/hm² 时反而下降，这也可能与水稻生长季接收大量的环境来源氮有关。小麦生长季对化学肥的利用率随施氮量增加而呈下降趋势，施氮 100 kgN/hm² 的利用率高于施氮 200 kgN/hm² 和 250 kgN/hm²，这一方面是由于施氮量增加但产量并未增加，另一方面也与大气干湿沉降氮有关。小麦生长季土壤残留率也高于水稻生长季，水稻、小麦生长季肥料氮的土壤残留率与施氮量有关，施氮量高，残留率也高，特别是小麦生长季更为明显，如下表。

一般情况下，稻田向大气排放的含氮气体主要通过两个氮素转化过程产生：一是 NH_3 挥发，一是硝化—反硝化。农田的 NH_3 挥发主要来自当季作物各种氨基氮肥和含氮有机肥；NH_3 的挥发不仅是农田氮肥的损失，而且影响温室气体，部分氮还会通过干湿沉降到河湖中，可加剧水体富营养化。

表 4-2　水稻—小麦两季作物对化肥氮的利用率和土壤残留率

作　物	施氮量/ （kgN/hm²）	作物利用率 （差减法）/%	土壤残留率 （¹⁵N 示踪法）/%	利用率+ 残留率/%
水　稻	100	41.8	19.2	61
	200	43.4	—	—
	300	40.9	21.7	70.8
小　麦	100	54.0	22.6	76.6
	200	50.4	—	—
	250	49.1	28.5	77.6

除此以外，多项试验还对稻田氮的淋洗，稻田径流氮以及水稻—小麦农田化肥氮的农学和环境效应、稻田土壤对污染河水中氮、磷的转化和固持、环境来源氮在稻田氮平衡的贡献及对水环境的影响进行全面分析研究，并提出减缓太湖地区水体氮、磷负荷的对策，尤其提出对农村氮磷污染控制的具体对策是：①加强畜禽规模化养殖发展，特别是家禽的规模化养殖，这将便于畜禽粪便的管理；②减少化学氮肥的施用量；③建立村一级的生活污水处理系统；④对现有河网分步实施清淤，把清出的河底污泥返回农田，实现农田系统氮素的良性循环。

水稻—小麦轮作体系中氮素的高效利用

我国是水稻生产大国，每年种植面积为三千万公顷左右，占全球水稻种植面积的22%。水稻栽培中氮肥施用量很高，但利用率不高，如华南双季稻作区（包括广东、广西、福建、云南等）2002年化学氮肥施用量为250—300 kg/hm^2，一次性施肥平均为131.6 kg/hm^2，但其氮肥利用率免耕平均为21%，深施平均为35%。华中双单季稻稻作区（江苏、上海、浙江、安徽、湖南、湖北、四川、重庆等省市）化学氮肥施用量平均为300 kgN/hm^2，有的甚至达到350 kgN/hm^2，但氮肥利用率一般只有30%左右，浙江、江苏省一些氮肥用量高的地区，甚至低于20%。西南高原单双季稻稻作区及华北、东北、西北干燥单季稻稻作区的氮肥施用量虽略低，但氮肥利用率也高不太多，一般在25%—35%。

我国氮肥施用的主要问题是：第一是氮肥用量过高，成为世界第一氮肥消费大国；第二是氮磷钾三要素施用比例不合理，中量和微量元素肥料施用不足；第三是化肥种类比较单一；第四是有机肥与无机肥比例失衡，有机肥开发利用不足，质量下降。

根据水稻—小麦轮作系统中作物的需氮特征及施用情况，如果要提高氮肥利用率必须首先减少氮肥的损失，如控制施肥后稻田、麦田的氨挥发，准确确定当季稻田、麦田氮肥用量，保持作物高产与环境保护相协调和区域氮肥总量平衡，兼顾产量效益、经济效益、环境效益和社会效益。

华北平原小麦—玉米轮作体系中的氮素循环

华北平原是我国重要的粮食主产区，小麦—玉米轮作是该地区粮食作物的主要种植方式，小麦一般于10月上旬播种，次年6月上旬收获；玉米于6月中旬播种，9月下旬收获，一年两熟。本地区属于半湿润大陆性季风气候，不仅降雨总量少，而且年内年际分布不均。

相关研究表明，1990年以来该地区年氮素总输入量为666 kgN/hm²，年总输出量为539 kgN/hm²，农田土壤氮素年盈余量达127 kgN/hm²，这些盈余的氮素以各种形态储存于土壤中，总体看，这一区域氮肥用量已远远超过当季作物产量水平的氮肥需求量和专家推荐用量，给环境带来了较大压力。

大量氮肥投入和过量灌溉导致地下水的硝酸盐污染。据对北方五省二十个县八百份地下水硝酸盐的检测，有45%的样品硝酸盐超过欧盟标准（NO_3^- 50 mg/L），有20%超过中国二类饮用水标准（NO_3^- 89 mg/L），其中大棚蔬菜区的超标率显著高于大田区。

农田中氮肥的去向大体可以分为三个方面，即作物回收，土壤中残留和损失（包括氨挥发、硝化—反硝化、淋洗损失和径流等），各个去向之间存在密切联系，并受到包括作物特性和土壤性质以及农业措施和气象条件等许多因素的影响。

2005年前后，项目组根据大量试验与分析研究得出华北地区小麦—玉米轮作体系农田每年氮素输入：化学氮肥545 kgN/hm²，有机肥带入的氮68 kgN/hm²，降水带入农田的氮21 kgN/hm²，灌溉带入农田的氮15 kgN/hm²，种子带入的氮5 kgN/hm²，氮素年输入总量670 kgN/hm²；每年的氮素输出为：作物收获带走的氮311 kgN/hm²，氨挥发损失120 kgN/hm²，硝化—反硝化损失18 kgN/hm²，淋洗损失139 kgN/hm²，氮素年输出总量为588 kgN/hm²。由此推算，华北地区小麦—玉米轮作体系农田氮素处于盈余状态，氮素年盈余量为81 kgN/hm²。[1]

---

[1] 朱兆良、张福锁：《主要农田生态系统氮素行为与氮肥高效利用的基础研究》。科学出版社，2010年，第55-100页。

华北平原小麦—玉米轮作体系中氮素的高效利用

根据上述研究，华北平原小麦—玉米轮作体系过量施肥相当普遍，每年都有盈余量，不仅养分利用效率低，生态环境压力也日趋加重，因此，有效利用氮肥，成为越来越紧迫的任务。

根据高产优质小麦和玉米生长发育规律、氮素需求规律、品质形成规律为基础，以根层土壤氮素调控为主要手段，在充分考虑来自土壤和环境氮素供应的同时，针对氮素资源特征实施有效的管理策略，实现作物养分需求与养分资源供应的同步，达到高产、优质、资源高效和环境保护的目的。

第一，建立"以根层养分调控为核心"的氮素实时监控体系。

针对农田土壤氮素时空变异大、作物氮素吸收与根层土壤氮素供应难以同步的问题，建立"以根层养分调控为核心"氮素实时监控体系，可以很好地协调氮素的供应与需求。其技术要点是：根据作物不同生育阶段的氮素需求量确定根层土壤氮素供应强度目标值，再通过外部的氮肥投入将根层土壤的氮素供应强度始终调控在合理范围内。具体操作是根据小麦和玉米氮素需求规律，以及小麦和玉米在不同生长发育阶段氮素需求规律，确定不同阶段所需氮素供应量，通过根层土壤氮素供应的实时快速测定表征土壤氮素供应，不足部分由化学氮肥补齐，以此实现土壤、环境氮素供应和氮肥投入与作物氮素吸收在时间上的同步和空间上的耦合，最大限度地协调作物高产与环境保护的关系。

第二，实施氮肥施用的区域总量控制。

氮素实时监控技术在农田尺度通过根层土壤硝态氮的监测和调控，可以很好地解决、协调作物高产与环境保护的氮肥推荐问题。但由于我国农业生产具有分散、规模小的特点，每个农户要频繁进行氮素实时监控管理既不经济，也有一定难度。传统的区域氮肥推荐主要依据短期肥料试验结果并多数采用不同田块平均施氮量，这样可能会造成有些田块施氮过量而有些田块施氮不足，导致氮肥利用效率低。近年来，国际上提出精确农业变量施肥思路，虽可解决上述问题，但其技术复杂，设备昂贵，大范围应用需要专业人员和配套设备。而依据区域农田土壤氮素空间有效性和时空变异性提出的"区域氮素总量控制、分期调控"可以很好解决这一问题。这一做法的理由是：对于一定区域范围来说，土壤氮素供应受根层土壤剖面无机氮量（包括铵态氮和硝态氮）和作物生育期内有机氮矿化量的影响。一定区域范围内，土壤、气候条件相对均一，作物生育期内土壤潜在供氮能力的相对稳定性决定了区域土壤氮素供应的总体稳定性，而土壤剖面无机氮的空间变异决定了区域氮素供应的局部变异性。从单个田块来看，由于前茬作物收获后高的土壤剖面无机氮残留，当季作物节氮潜力非常大，个别田块甚至无需施氮即可达到高产，但随着优化氮肥管理的不断进行，土壤剖面无机氮含量将会逐步减少，土壤有机氮矿化量占土壤供氮量的比例上升，因此，在一定区域内，土壤有机氮矿化才是持续、稳定的氮素供应指标，据此可将一定区域范围内作物全生育期氮肥施用总量控制在一个合理的范围内。

第三，优化水分管理，改变氮肥形态。

华北平原农民传统上喜欢大水漫灌，这不仅消耗大量的灌溉水，还增加了土壤硝态氮的淋失。根据根层土壤墒情进行灌溉（灌水的下限和上限分别为土壤有效水量的45%和80%，次数不限）的优化灌溉技术能显著降低水分淋洗量和硝酸淋洗量。

另外，在现有条件下，选用氨挥发损失较小的氮肥产品是最有效的减少损失的方法，如在北京地区条件下，在保证小麦产量不减的前提下，碳酸氢铵表观损失最大为73 kg/hm^2，其次为尿素42 kg/hm^2，硝磷铵和硝酸铵钙表观损失都较小，各为33 kg/hm^{2}和12 kg/hm^2，分别占施肥量的38%、22%、17%、6%，由此可见，硝酸铵钙和硝磷铵保证了小麦产量并降低了氮素损失，是适合在华北地区推广应用的氮肥产品。

第四，基于GIS技术的区域氮肥管理。

随着地统计学和地理信息系统的快速发展，为我们在区域尺度上认识土壤、作物属性的空间变异并很好地利用这些变异提供了平台。区域氮素管理的研究趋向也由传统的通过一定区域内生物学试验获得的肥料统计模型确定氮肥用量发展为借助信息技术与施肥模型对作物和土壤氮素进行有效管理，建立区域氮素管理与作物推荐施氮的技术体系。

第五，选择高产和高效利用氮的作物新品种。

作物品种在矿质营养的吸收和利用上，存在明显的遗传多样性，选育高效吸收利用氮素的农作物新品种已成为提高氮素利用效率的新型有效途径，也是在优化肥料管理技术基础上，进一步提高系统生产力和氮效率的可能途径。我国在 1985—1994 年玉米产量的增长中，遗传品种的改良作用可达到 35.5%，个别地区可接近 50%，而一些发达国家的作物增产中，品种改良可达到 60%。

综上所述，朱兆良及其团队经过数年艰苦努力，"主要农田生态系统氮素行为与氮肥高效利用的基础研究"项目获得许多重要应用成果，在科学发现上亦有许多创新。

第一，进一步明确化肥氮的去向及不同损失途径的重要性。

定量评价了我国华北平原小麦—玉米及太湖地区小麦—水稻土壤系统中化肥氮的去向（作物吸收率、土壤中的残留率和损失率）与施氮量的关系，并据此对不同施氮量的产量效应和环境效应进行了评价。各项研究表明，随着施氮量的增加，作物对化肥氮的当季吸收率呈降低趋势，而损失率则呈不同程度的增加，其中，氨挥发率、N_2O 排放率和氮素淋失率与施氮量的关系因作物季别和栽培条件（淹水种稻或旱作）而异，这可能与各个损失项的损失机制不同有关。

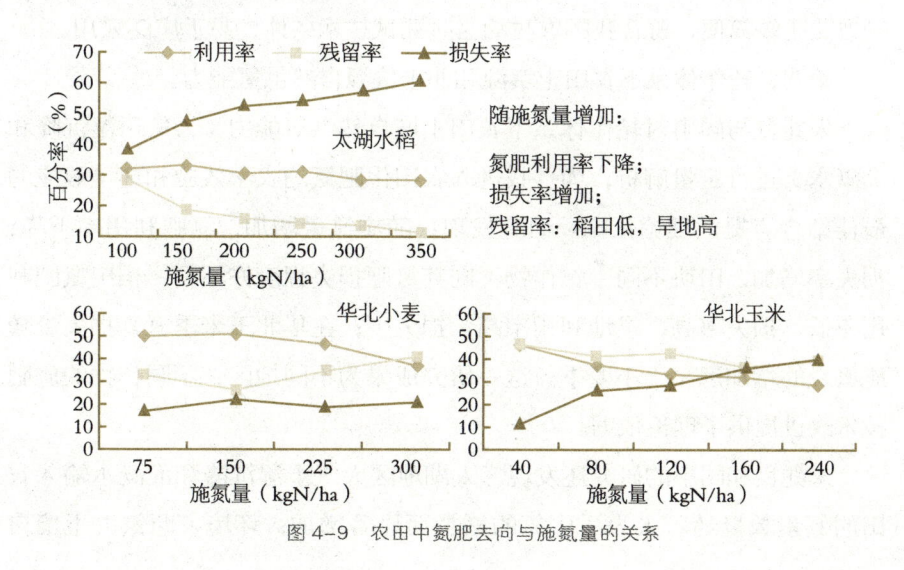

图 4-9　农田中氮肥去向与施氮量的关系

第二，发现环境来源氮对农田自然供氮量和太湖水体氮污染有重要作用。

观测发现，两个系统的环境来源氮（主要是干湿沉降氮，以及灌溉水带入的氮）可达农田自然供氮量的一半左右，远高于正常的农田生态系统，成为当前作物氮素营养的重要给源。这与各地区的环境污染有关。研究表明，干湿沉降氮已成为太湖的重要氮素污染源；华北地区农田中硝态氮的残留量平均已达近 200 kg/hm^2，最高可达 1000 kg/hm^2，这不仅影响氮肥增产效应的发挥，而且还对地下水质量构成了很大威胁。

第三，优化施氮、提高氮肥利用率的技术原理。

在综合国内外已有施氮量推荐技术原理的基础上结合自己研究成果提出了"区域宏观控制与田块微调相结合"的施氮量推荐原则，并对该原则进行了评价，确定了当时生产条件下的适宜施氮量。在相近产量时比农民的习惯施氮量降低 20%—40%，氮素损失相应减少，依据该原则提出的推荐施氮技术符合高产、低耗和低污染的要求。例如，在华北小麦—玉米轮作地区，建立了以根层氮素调控为理论基础，以土壤硝态氮测试为主要手段的氮素实时监控技术以及相应的控制指标（不同生长期和收获时），并对长期采用该法的农学和环境效应进行了预测；在太湖水稻—小麦轮作地区，明确了"区域平均适宜施氮量法"能够协调水稻的产量效应、经济效益与环境效益的关系，进一步明确了该法的实用性和可靠性。所推荐的这一方法比较简便，符合我国农村的当时测试技术条件，易于广泛采用。

第四，轮作体系下农田土壤源和非土壤源自然供氮能力。

朱兆良与同事对轮作体系下农田土壤自然供氮能力（大气干湿沉降和灌溉水）进行定量解析，为寻找进入农田化肥氮的农学效应和环境效应的最佳结合点提供理论依据。研究发现：随施氮量增加，氮肥利用率下降，损失率增加，田块不同、农作物不同其氮肥损失程度亦不同：稻田氮肥利用率低、损失率高，旱地利用率高、损失少；在华北玉米季氮素损失量随施氮量的增加远高于小麦季。这一研究成果为不同地区，不同作物的施肥技术改进提供了理论依据。

朱兆良和同事的研究还发现，太湖地区大气干湿沉降和灌溉水输入农田的氮素数量随着人为活化氮的增加而显著增加，环境来源氮占土壤自

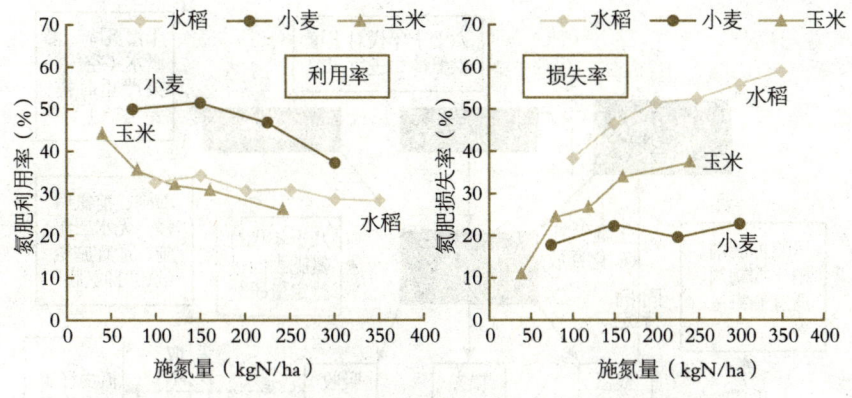

图 4-10 水稻、小麦、玉米的氮肥利用率和损失率与施氮量的关系

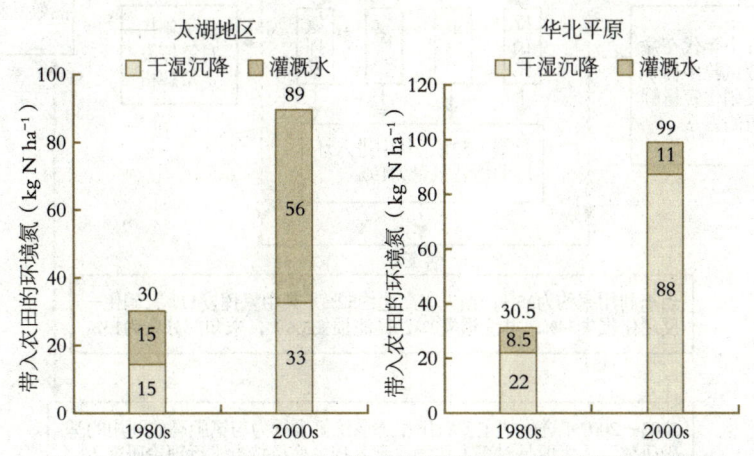

图 4-11 太湖地区和华北平原大气干湿沉降和灌溉水输入农田的氮素数量

然供氮量的 50%—74%，大气干湿沉降占太湖水体氮负荷中农业源的 28%（1.19 万吨 N/a）。

这一研究的创新之处是：原位定量评价了化肥氮的去向及其与氮肥施用量的关系；发现环境来源氮对土壤供氮、作物营养及面源污染的贡献；提出并建立了"区域宏观控制与田块微调相结合"的施氮量推荐原则与技术，从协调高产和环境的角度对其农学和环境效应进行了评价，确定了当前生产条件下的适宜施氮量。

朱兆良凭着自己的智慧以及对国家热爱，与团队工作人员一起奋战了五年，最后以优异成绩交给国家一份满意的答卷，在最后的验收评审中被评为特优。

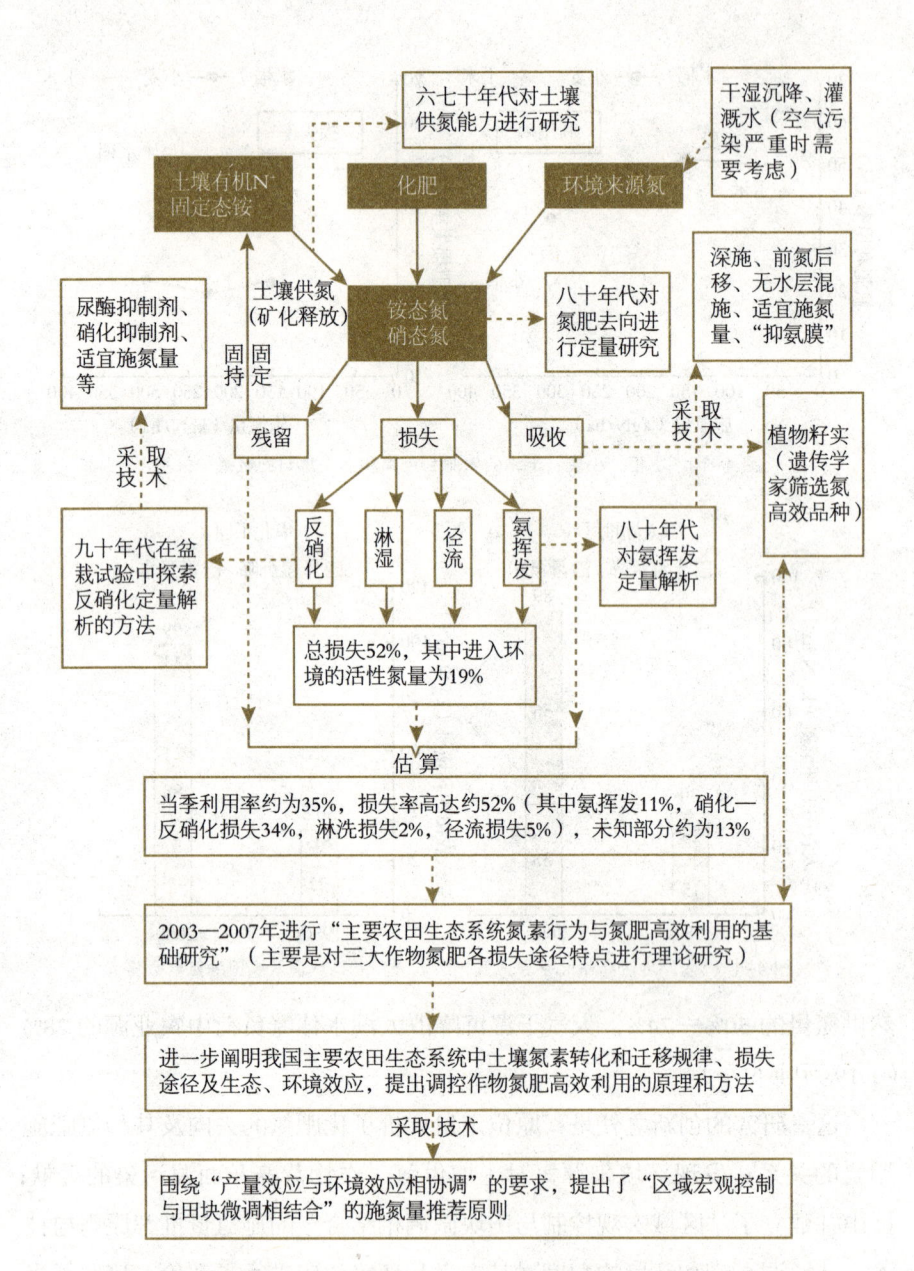

图 4-12 朱兆良对农田化肥 N 系统研究路线图

第五章
开创肥料长期试验

土壤肥料田间试验已有近两百年的历史。由于它在农业生产发展中解决了大量有关作物需肥规律、土壤养分供应、肥料施用技术、病虫害治理等重大理论和实际问题，越来越被世界各国土壤学、植物营养学、农学等学科的科研工作者所重视。土壤肥料的田间试验可分为两种类型：一是肥料短期试验，为期一季到一个轮作周期；二是肥料长期定位试验，简称长期试验，为期几个轮作周期、几十年乃至百年以上。就其意义和作用而言，短期田间试验见效快，能解决当时当地存在的有关土壤肥料问题，并对农作物起到增产作用，如肥料品种比较试验、肥料施用时期和施用方法试验、各种肥料配比试验、新型肥料肥效试验等。随着我国现代农业科学的发展和普及，土壤肥料田间试验中研究的问题越来越广且逐步深入，有的已向土壤肥料有关的边缘学科方向发展。[①] 在我国有三次全国性的化肥肥效短期试验，这三次试验是结合当时农业生产需要而开展的，试验结果充分说明了我国化肥肥效的演变，同时也解决了不同时期农业生产中面临的土壤营养等问题。

---

① 姚归耕、金耀青：略论土壤肥料长期定位田间试验的意义和作用.《土壤通报》，1979 年第 4 期，第 1–3 页。

三次全国性氮、磷、钾化肥肥效试验

第一次氮、磷、钾化肥试验

张乃凤[①]认为,土壤肥料科学就是要帮助农家利用适当的肥料以达到增产的目的。研究人员必须知道各种土壤和各种作物在农家耕种状况下,肥料中最缺乏的是什么。为了研究农民使用的有机肥料中氮磷钾三要素的信息,在南京永利化学工业公司的支持下,他们从1935年开始化肥施用试验。

张乃凤和助手在江苏、安徽、山东、河北、河南、云南、贵州、四川等十四个省六十八个点上做了水稻、小麦、油菜、棉花、玉米、谷子等九种作物氮磷钾三要素两水平(施与不施)的试验一百五十六个,这是第一次全国规模的化肥肥效试验。1941年张乃凤发表"地力之测定"一文,根据他的计算认为当时氮肥的需要程度为80%,磷肥为40%,钾肥为10%。这一试验成果本可以作为农田施肥的重要依据,但由于战争的原因,被束之高阁,它的学术意义重大,是我国肥料界的开创性工作,对推动化学肥料在我国的广泛施用产生一定影响,并奠定了我国肥料田间试验的基础[②]。

[①] 张乃凤(1904-2007),浙江湖州人,中国农业科学院研究员,我国著名土壤肥料学家。1927年留学美国,毕业于威斯康星大学研究生院,获得硕士学位,1931年回国后受聘于金陵大学任副教授,1933年晋升为教授。1935年夏,转到实业部新建的中央农业实验所任技正、土壤肥料系主任,1944-1945年,赴美国协助联合国善后救济总署编制中国战后善后救济用化肥计划,1957年中国农业科学院成立后,他任研究员,土壤肥料研究所副所长。曾两度参与我国科学技术长远规划的制订工作。1986年被聘任为中国农业科学院土壤肥料研究所顾问。中国土壤学会的发起人之一,多次当选为常务理事,曾任中国农学会土壤肥料研究会理事。

[②] 中国农业科学院土壤肥料研究所编:《张乃凤先生九十寿辰纪念文》。中国农业科技出版社,1994年,第6-18页。

第二次氮、磷、钾化肥试验

中华人民共和国成立后，国民经济全面恢复，1957年国务院副总理李富春指示，要在全国有组织地进行肥料试验和示范工作，以便找出不同地区、不同土壤、不同作物需要什么肥料、什么品种和最有效的施用技术，作为国家计划生产和合理施用的依据。根据这一指示，1957年8月，中国农业科学院召开了全国肥料工作会议，同年11月农业部发出文件，正式建立全国化肥试验网，这次试验在规模和试验的农作物品种上都超过第一次。[①]

1958年共有二十五个省（自治区、直辖市）参加，试验包括三要素肥效、氮肥品种比较、磷肥品种比较和氮肥施用量、试用期等四项内容。同年完成试验351个，其中包括在水稻、小麦、玉米等作物上进行的氮、磷、钾肥效试验122个。1958年后，三要素试验由粮食作物和棉花扩大到油料作物、烟草、蔬菜和果树上。这次试验与张乃凤组织的试验相比，氮肥和钾肥的肥效与二十年前大致相同，也就说氮肥在不同土壤、不同作物上施用都是有效的，增产作用也是位于首位的，而钾肥肥效仍旧较低，这是因为在二十世纪六十年代之前，我国施用的肥料是以有机肥料为主的，钾肥可以通过有机肥料得到较好的补充，因此肥效不高。磷肥较第一次试验肥效有了明显的提高，不仅在南方部分地区解决水稻"坐秋"问题起到作用，在北方旱地也起到明显效果。试验得出土壤速效磷含量低的离村远地[②]、盐碱地使用磷肥效果明显，豆科作物和豆科绿肥、冬小麦等施用磷肥增产幅度大。根据试验，研究人员提出豆科作物"以磷增氮"，禾本科作物"氮磷配合"等因土因作物施用磷肥的技术，这次试验结果促进农民施用磷肥，也促进了我国磷肥工业的发展。[③]

[①] 林葆、李家康、林继雄等：全国化肥试验网协作研究三十二年.《土壤肥料》，1989年第5期，第7–11页。

[②] 离村远地农民施用有机肥就少，含磷量就低。

[③] 李庆逵、朱兆良、于天仁：《中国农业持续发展中的肥料问题》。江西科学技术出版社，1998年，第19–20页。

第三次氮、磷、钾化肥试验

二十世纪七十年代以后，我国化肥用量迅速增长，但各地农民普遍反映化肥氮、磷、钾比例失调，肥效下降。化肥调价后还出现滞销、积压等问题，化肥产、销、用各部门都希望进一步搞清化肥施用中的问题。1981—1983年，农科院组织了第三次全国性的化肥试验，这次试验包括氮磷钾肥效试验、适宜用量和比例、复合肥与单元化肥配合的肥效对比等内容。在二十九个省（自治区、直辖市）对水稻、小麦、甘蔗、马铃薯、苹果、茶叶、番茄、甘蓝等十八种作物进行氮磷钾化肥肥效、用量和配比试验5086个，复合肥与单元化肥配合的比较试验248个。根据这次试验结果编制出了《中国化肥区划》一书，1986年由中国农业科技出版社出版。试验结果肯定了氮肥的增产效果，同时反映化肥肥效是有所下降的，在不同地区，不同作物上下降的程度不一。因此，不能否定化肥的增产作用，这次试验结果也解决了当时化肥在产、销、用中的一些问题。

短期的田间试验见效快，能解决当时当地存在的有关土壤肥料问题，如上述三次短期试验都解决了农业生产中的一些问题；通过肥料品种比较试验，肥料施用时期和施用方法试验，各种肥料配比试验，新型肥料肥效试验等等，可以迅速找到增产肥料品种、施用技术和营养要素的配合比例，促进农作物产量增加。

长期定位试验采用的是既"长期"又"定位"的方法，具有长期性、重复性特点，长期试验还具有信息量丰富、准确可靠、解释能力强的优点[1]。世界最著名的长期试验站是英国洛桑试验站，已有一百八十多年的历史，它已成为植物营养学、农学、土壤学、环境科学和生态学等学科研究人员学习工作的平台，我国土壤肥料学家张乃凤曾于1935年在那里学习肥料试验统计[2]。

---

[1] 傅高明、李纯忠：土壤肥料的长期定位试验。《世界农业》，1989年第2期，第22-25页。
[2] 赵方杰：洛桑试验站的长期定位试验：简介及体会。《南京农业大学学报》，2012年第5期，第147-153页。

国内早期长期试验

英国洛桑试验站的建立源于学术上的争论。李比希（Liebig）在他的名著《有机化学在农学及生理学中的应用》（第三版）中提出作物所需全部氮素可由空气中的氨所供给，洛桑试验站的创始人 Lawes 却认为植物的氮素源于土壤，为了验证自己的观点，他便设立了一系列田间试验加以验证。试验的结论驳倒了李比希的观点。Lawes 在肥料试验方面取得了成功，在 1842 年创立了世界上第一个生产过磷酸钙肥料的工厂，为欧洲农业应用化学肥料开创了新局面。同时，也推动了肥料应用的试验研究。在欧洲，许多农业试验站相继成立，田间肥料试验研究如雨后春笋一般开展起来[①]。到 1976 年 7 月在法国召开的一次非常长期肥料试验的国际会议时，要求参加会议的代表国必须拥有连续定位五十年以上的长期肥料定位试验田[②]。当时参加会议的有二十八个国家的代表，一百三十九人参加，有近三十个长期肥料试验在会上提出了试验研究报告[③]。

我国大多数农业和生态的中长期定位试验始于二十世纪八十年代前后，1994 年，才召开首次全国土壤肥料长期定位试验学术讨论会。出席会议的有来自二十八个省（自治区、直辖市）农科院土肥所、农业厅土肥站、中国科学院、中国农科院和农业高等院校等三十多个单位 55 名代表[④]。

其实，我国长期定位试验从上世纪五十年代就已零星地开始了，彭克明、李庆逵、姚归耕等学者都设立过长期定位试验站。

彭克明（1905—1990），河北晋县人，1946 年完成"植物吸收土壤固定态钾的数量与速度"的博士论文，获得美国伊利诺伊大学哲学博士学位。1947 年 2 月回国，刚开始在河北农学院任教授，讲授农业地质学、土

---

① 沈善敏：国外的长期肥料试验（一）。《土壤通报》，1984 年第 2 期，第 85-91 页。
② 傅高明、李纯忠：土壤肥料的长期定位试验。《世界农业》，1989 年第 2 期，第 22-25 页。
③ 同①。
④ 郭炳家：全国土壤肥料长期定位试验学术讨论会在成都召开。《土壤肥料》，1995 年第 1 期，第 49 页。

壤肥料学等课程。1948年冬天应聘到北京大学农学院土壤系,是我国早期的植物营养与肥料学家,长期从事植物营养、土壤肥力和肥料的研究,在国内率先布置轮作肥料长期定位试验和采用渗漏水采集装置的研究方法,他对推动我国土壤肥料科学和教育事业的发展作出了贡献。[1]

彭克明除了建立长期试验地外,在土壤植物营养物质循环的研究方面,建议采用田间试验—渗漏水模拟实验—实验室分析三者相结合的研究方法,另外他还把国外植物营养科学的新进展介绍到国内。

姚归耕,1906年2月生于江苏省吴县,1933年毕业于金陵大学。二十世纪三十年代曾与张乃凤合作进行第一次全国范围内的三要素短期试验。六十年代他在沈阳农学院建立长期试验,专门观测不同施肥处理对棕壤肥力的影响,并在1964年召开的中国土壤学会第三次全国代表大会暨学术年会上报告了定位试验方案和试验的初步结果,引起全国同行的注意,推动了这一学科基本建设的开展,后来长期试验被毁,直到1979年才又恢复。[2]

甘家山红壤肥料试验

1951年,李庆逵和何金海在江西甘家山的红壤进行试验,刚开始试验是为了探索一个切合实际的方法,使华东地区海州的磷灰石,在磨成粉状以后能够直接发挥磷肥的功效。该试验对提高红壤地区农作物产量、利用荒地以及缓解我国磷肥不足等问题有重要的作用。李庆逵创建的甘家山试验一直持续到1958年。

1951年,李庆逵还曾在江西甘家山进行基本地力试验,目的是研究在当地土壤中长期施用处理项目中的肥料对作物及土壤性质的影响。当时李庆逵设计八个小区,坚持几年,后来在六十年代中断。1955年冬,李庆逵又开始布置熟地试验,重复一次,开展四个处理,分别是:空白、一百斤石灰每

---

[1] 中国科学技术协会编:《中国科学技术专家传略农学编·土壤卷》。中国科学技术出版社,1993年,第88-93页。

[2] 中国科学技术协会编:《中国科学技术专家传略农学编·土壤卷》。中国科学技术出版社,1993年,第95-100页。

亩、二百斤石灰每亩、四百斤石灰每亩。1956 年，在新垦荒地上布置了不同产地磷灰石肥料比较试验，重复三次。[1] 这些试验最终都没有坚持下来。

昌平肥料长期定位试验

1956 年，彭克明首次提出在中国建立轮作肥料长期定位试验，并在北京农业大学昌平试验站正式开始匀地试验。1958 年，由于该校师生下放农村而被迫停止。1962 年恢复试验，正式布置了小麦、玉米、棉花三种作物的 0（无肥）、M（有机肥料）、MN、MP、MK、MNP、MNPK 八区轮作试验。后来在"文化大革命"中再次被迫中止。1978 年，北京农业大学迁回北京后，又在昌平购置土地 660 亩，重建试验站。在彭克明的领导下，又恢复了轮作肥料长期定位试验，共占地 16 亩。采用的是当地粮食作物的主要轮作方式："冬小麦—夏玉米—夏大豆—冬小麦"两年四熟制，以实现用地养地与粮食高产相结合的目标。这个长期试验采用有机肥料和化肥两种基础 $N \times P + K$ 的 $3 \times 3 + 1$ 设计，这种设计比西欧传统的长期轮作肥料定位试验更便于数量化比较，而且还可建立土壤肥力与植物营养数据库和计算机系统。彭克明建立的这个实验与他曾在美国伊利诺伊大学莫柔试验地工作取得的经验是分不开的，他是第一个将植物营养与土壤肥力长期定位研究相结合方法引入到我国的人。[2]

创建封丘长期试验

土壤所与封丘的渊源

二十世纪五十年代，南京土壤所就在黄淮海平原开展了大量的研究工

---

[1] 朱兆良 1958 年 4 月江西兴国、江苏常熟野外工作记录簿。资料存于采集工程数据库。
[2] 中国科学技术协会编：《中国科学技术专家传略农学编·土壤卷》。中国科学技术出版社，1993 年，第 91 页。

作,取得了许多重要成果,并于1963年成立了南京土壤研究所封丘土壤改良实验站,1983年正式成立中国科学院封丘农业生态实验站,1992年成为中国生态系统研究网络(CERN)重点站,2000年被选入联合国粮农组织、环境规划署、教科文组织、世界气象组织和国际科学协会理事会共同创立的全球陆地观测系统联网站,2005年被科技部正式批准为河南封丘农田生态系统国家野外科学观测研究站。

长期以来,封丘站一直面向国家和地方需求,针对黄淮海平原农田生态系统的关键科学问题开展研究,取得了卓越的成绩。五十年代中期,根据国务院的指示,南京土壤研究所组建了由熊毅和席承藩两位院士领导的土壤调查队,对华北平原土壤进行了全面系统的调查,提出的"限制该地区农业生产发展的主要因素是旱、涝、盐碱、瘠薄"的结论,为国家制定该地区中长期发展规划提供了关键科学依据。六十年代初,在中国科学院副院长竺可桢院士领导下,组织了多学科的科技队伍进军华北平原开展治盐治碱,并在河南省封丘县建立研究基地。在熊毅院士领导下,经几十位科学家的共同努力,提出了以"井灌井排"为核心的治理盐碱技术,为黄淮海平原的综合治理提供了最为关键的技术。八十年代初,开发黄淮海提上国家议事日程,封丘站以长期研究积累为依据,以"井灌井排"技术为核心,集成配套农艺、生态等技术,形成了农业区域综合治理的"封丘模式",并在河南等地区大面积推广,粮食产量成倍提高。该成果作为"黄淮海区域综合治理"的重要组成部分,获1993年度国家科技进步特等奖。二十世纪六十年代起为黄淮海治理奋斗终生,相当于半个封丘人的中科院南京土壤研究所研究员傅积平先生回忆:"选定封丘是因为这里是黄淮海平原涝碱沙问题最严重的地区之一,群众生活极其困难,土壤面貌急需改善。"[1]

针对河南省粮食生产的现状和面临的问题,最大限度地挖掘大面积中低产田的生产潜力,摆脱高产对大水大肥的依赖,是提升粮食产能的最主要战略。2007年,封丘站承担了中国科学院"河南耕地保育与持续高效现代农业试点工程"重大项目,围绕中低产田改造所面临的技术难题,以

---

[1] 游晓鹏:"从盐碱滩到米粮川——纪念中科院在封丘工作50周年"系列一:不毛之地引来大牌科学家。《大河报》,2014年11月27日。

封丘县为基地,在多年研究积累的基础上,研发集成了以土壤属性障碍因子消减和农田基础地力提升为核心,现代工程治理和水肥高效技术配套的新一代中低产田治理技术,为实现中低产田地力和产量双跨越以及农业可持续发展提供了关键理论和技术。2009年5月28日,河南省人民政府与中国科学院签署了"高产高效现代农业示范工程"合作协议,在封丘、禹州、西平、潢川、方城五个县进行大面积均衡增产试验示范,经过三年的推广,取得了重大效益。2012年,河南省人民政府和中国科学院通过联席会议决定,在二十三个县市进行推广,带动全省增产增效。"黄淮地区农田地力提升与大面积均衡增产技术及其应用"荣获2014年度国家科技进步二等奖。对土壤所工作人员来说,他们对封丘是很有感情的,对朱兆良来说这里更有他的事业,以及他为学科发展所做的具有前瞻性的基础工作。

朱兆良开创的长期试验

1840年,李比希不朽的《化学在农业中的应用》奠定了植物的矿质营养学说的基础,迎来了化肥工业的诞生。从那以后,各国相继开展了长期田间试验,主要目的之一是研究化学肥料能否代替有机肥料。一百多年的试验得到的答案是肯定的,但问题并没有完全解决。首先是高产生产者的经验,日本历年来水稻高产的经验表明,为要获得水稻高产,在施用化学肥料的同时,必须施用大量有机肥料。其次,实践证明施用有机肥料能增强作物的抗逆性。国际水稻所的专家 Inoko 报道,施用有机肥料可增强水稻的抗寒性。Flaig 指出,施用有机肥料可减轻作物因干旱而遭受的损失。再次,长期试验证明,当施用高量磷、钾时,无论化学氮肥的用量多少(0—216 kg/ha),其作物产量总是较长期施用厩肥的小区低。这似乎说明,化学肥料不能完全代替有机肥料。[①] 长期施用化学肥料究竟会给土壤带来什么后果?因为一般说来,施用化学肥料是以供给作物养分为目的,而不是为了

---

① 程励励、文启孝、施书莲:有机肥和化学氮肥配合施用时氮素的供应和转化。见:中国土壤学会土壤农业化学专业委员会、土壤生物和生物化学专业委员会编:《我国土壤氮素研究工作的现状与展望——中国土壤学会土壤氮素工作会议论文集》。科学出版社,1984年,第104页。

改变土壤性质。施用有机肥料除了为作物提供养分外，还可以改良土壤理化生物性状和提高土壤肥力，因此，具有根本性的长期作用。①为了验证长期施用化肥带给土壤变化、有机肥料在培肥土壤方面的功能，朱兆良综合已有长期试验小区设计的做法，结合中国长期施用有机肥料的特点设计自己的长期试验。

河南的封丘县地处黄淮平原区域，区域内的土壤主要是微碱性的潮土。成因是河流沉积物受地下水运动和耕作活动的影响，因有夜潮现象而得名。这种土也是整个黄淮海平原区域分布最广的土壤类型，也是小麦、玉米的主产区。自从二十世纪七十年代化肥在中国大量施用以来，这个地区的化肥用量也不断攀升。为了研究长期施用化肥对土壤、农作物产量的影响，以及为后人搭建一个研究平台，1986年朱兆良和同事开始在封丘试验站内布置长期试验。朱兆良在吸收国际同行与国内李庆逵于二十世纪五十年代在江西甘家山设计的红壤试验站经验基础上进行设计。朱兆良说："长期试验建立目的就是为后人的科学研究做准备，英国有一百多年的洛桑长期试验，作为农业大国我们也要有自己的长期试验。"

国际上类似的小区有两种设计，分别是八个小区和五个小区。八个小区包含未施肥小区、氮小区、磷小区、钾小区、氮磷小区、氮钾小区、磷钾小区、氮磷钾小区，五个小区包含未施肥小区、氮磷小区、氮钾小区、磷钾小区、氮磷钾小区。

朱兆良在设计时基于以下考虑：①要经济合理利用试验站里的土地；②我国有长期施用有机肥料的历史；③想验证有机肥料与化肥是否有相互促进的作用。

基于这三点考虑，长期试验最终设计为七个小区，四个重复。七个小区分别为未施肥小区、氮磷小区、氮钾小区、磷钾小区、氮磷钾小区、有机肥小区和二分之一有机肥二分之一氮磷钾小区。

在设计时把小区与小区用60厘米深，约20厘米宽的水泥田埂隔开，

---

① 黄东迈：有机废物基肥对提高土壤氮素肥力的作用及其配合施用。见：中国土壤学会土壤农业化学专业委员会、土壤生物和生物化学专业委员会编：《我国土壤氮素研究工作的现状与展望—中国土壤学会土壤氮素工作会议论文集》。科学出版社，1984年，第92页。

这样可以避免小区之间农作物根系的互相渗透，增加研究结果的可靠性。

为明确掌握不同施肥带给土壤的变化，长期试验小区在试验开始之前，从1986年开始到1989年，先进行两年四季作物的匀土工作，①匀土结束后于1989年，

图5-1 与澳大利亚学者讨论稻田氨挥发（1986年，河南封丘。左一Jeff Simpson，左二朱兆良）

首次播种冬小麦，以后每年都是玉米与小麦轮作。只种小麦、玉米而不种其他农作物，是因为这两种作物是当地的主要粮食作物，秉着科学研究要为农业生产服务的态度，这一轮作从设计之初一直坚持到今天。

为研究的连续性，小区在匀土结束时，就保留了一吨原始土壤，以后每五年采集一次土壤。采集的土壤放在土壤所的标本馆中，研究人员可以根据研究的需要以及研究的重要性来采集土壤。到今天长期试验已经坚持近三十年，成为我国一个大数据库，利用这里的土壤可以做很多文章，如：归纳总结有机肥料在保持和提高土壤氮素供应能力中的作用；可以探讨在各种人为因素干扰下，土壤的物理性能和化学性质所发生的变化；可以测出在氮素循环过程中来自降雨中的氮、灌溉水中的氮的数量，以及通过径流和淋失分别损失的氮量；还可以探索化学氮肥与有机肥料配合施用下，土壤氮、化肥氮和有机肥料氮的各自转化过程及其相互影响。这些成果是短期试验所不能得到的，它们对于服务于农业生产是至关重要的。不过由于受小区面积所限，现在如果要到小区里采集土壤进行科学研究是需要得到封丘试验站站长的批准的，可见长期试验土壤的珍贵了。现在土壤肥力、土壤化学、土壤物理、土壤微生物、温室气体等研究领域都会到这里

---

① 种植农作物，但不施用任何肥料，为的是把小区里原有的养分耗尽，为以后的研究者提供基础数据。封丘试验地当时冬小麦和夏玉米两季作物轮作，轮作期间还要观察每一个小区农作物的长势，长得特别好的小区，收获后要把表土与长势差一点的小区表土进行混合一下，其目的是让每一个小区在匀土结束后肥力达到基本一致。

采土进行相关课题研究。长期试验站的老师曾统计过，以长期试验田的土为实验材料发表的文章有近二百篇。其中一半都是发表在 SCI 期刊上的。

经过二十六年试验数据，得出一些短期试验得不到的结论：从 1990 年到 2014 年，不同的施肥方法，小麦产量也不同。我们以 2014 年的产量为例，可以看到排在第一位的是氮磷钾平衡施肥，产量为每亩 444.1 千克；第二位是一半有机肥一半化肥，产量为每亩 435.5 千克；第三位是氮磷肥，产量为每亩 426.5 千克；第四位是纯有机肥，产量为每亩 365.9 千克；第五位的是磷钾肥，产量为每亩 100.7 千克，第六位的是不施肥，产量为每亩 36.2 千克；排在最后的是氮钾肥，产量为 29.5 千克。由此看来，只要氮磷钾平衡施肥，即便是纯施化肥，一样能保持土壤的地力和作物的产量不受影响。①

对于微碱性的潮土来说，长期均衡施肥没有造成土壤的地力下降、作物减产，南京土壤研究所的学者还发现，长期施有机肥的地块对于提升地力有很大的积极意义。哪种元素才是小麦高产的限制性因素呢？根据实验结果表明，在氮磷钾三元素中，磷肥是小麦高产的关键限制性因素，虽然土壤里含有一定的磷肥，但是如果不额外补充的话，小麦就会因为缺磷而导致产量严重下降。一般来说缺磷的实验地块产量明显低于其他地块，其次是氮肥，然后是钾肥。根据测验，他们实验田的潮土土壤里一般比较缺磷肥，两三年不上磷肥，小麦产量就会明显下降。钾肥含量则比较适中，短期内不施对产量影响不大，但不能长期不施，可以两三年补充一次，同时还可以秸秆还田补充钾肥，但不管怎

图 5-2 封丘长期试验的试验田（信秀丽提供）

---

① 封丘肥料长期定位原始试验数据，南京土壤所内部资料。

么施肥，最重要的是平衡施肥。①2006年5月正是长期试验田麦子成熟的时期，朱兆良站在麦田中向中科院陈竺副院长等人介绍长期试验的情况。

2015年9月22—24日，朱兆良趁着到河南农业大学开会的机会，带着采集小组的工作人员再一次到封丘站，朱兆良对长期试验田今天的情况也是非常关注的，问各个小区是否还是严格按照设计时的要求操作，二十多年下来，各小区的情况怎样？有机肥小区和化肥小区现在产量上有多少差距等，他和小组成员交流的过程一直说没有钦绳武②就没有长期试验的今天。"老钦非常严谨、非常认真，我很佩服他。"③

1998年，钦绳武已到退休年龄，由于手里还有课题要到2000年才能结题，因此延迟退休，可是到2000年时，还没有合适的人来管理长期试验，也没有单位明确接管长期试验，他为让长期试验能够继续坚持，分别找封丘站、土壤所农化室领导进行协商。由于长期试验每年都需要一定的资金投入，当时封丘站和农化室都没有能力承担这个费用，也就没有能力接管长期试验。在这紧要关头，他去找当时土壤所所长周健民，周健民当即表明态度，土壤所接管长期试验，每年从所里拨出五万元作为运行费用，还返聘钦绳武继续从事管理工作，这样才让长期试验坚持下来。对于周健民的决定，钦绳武很感激。他说，长期试验走到今天，他只是认真做了管理工作，朱兆良是创建者并设计了长期试验，在其后运行中一直给予了很大的支持和帮助，而周健民是在关键时期给予重要帮助的人，在他们及众多人的努力和支持下才有长期试验站的今天。④

朱兆良作为创立人之一，非常希望长期试验能够继续走下去，还希望土壤所的领导能够为长期试验的人员在职称评审、生活福利待遇等方面给

---

① 南京土壤研究所信秀丽提供资料。
② 钦绳武，1938年10月20日生于江苏无锡县梅村。高中就读于苏州高级中学，1959年考入南京大学化学系，1964年到中国科学院南京土壤所农化室工作。1969年参加响水盐碱地改良运动，八年后回到土壤所。由于成绩突出被《人民日报》《光明日报》等媒体报道，他与同事也被称为"贫下中农的好参谋"。1986年他和朱兆良一起筹划并开展了封丘肥料长期定位试验，此后，他坚持长期试验管理工作二十三年。在他的管理下，长期试验保存完整的土壤样品和每一年两季作物的分析数据，为土壤学、农学、植物营养学等学科的科学研究提供了大量素材。
③ 朱兆良访谈，2015年9月23日，封丘。资料存于采集工程数据库。
④ 钦绳武访谈，2016年10月9日，南京。

予优先考虑和一定照顾，只有这样才能保证专业队伍的稳定，也就有利于长期试验的坚持。钦绳武认为长期试验的价值还没有得到很好的开发，希望能够有一位首席科学家，以便协调多学科的力量，全方位地利用长期试验成果，这样将对农业生产也有更好的指导作用，也不枉国家在长期试验上的人力和物力的投入。

第六章
心系国家粮食安全和环境保护

参政议政，心系国家粮食安全

联合国粮农组织在上世纪八十年代在亚太地区三十一个国家通过大量田间试验得出：施肥可以提高粮食单位面积产量的55%，总产的30%。[①]我国全国化肥试验网在二十世纪八十年代进行的五千多个肥料试验结果也证明，在水稻、小麦和玉米上合理使用化肥比对照不施肥处理平均增产48%。[②]作为一名植物营养专家，朱兆良深知肥料对提高我国粮食产量所作出的巨大贡献。伴随着粮食产量成倍增长的同时，化肥施用量也在逐年增加，我国氮肥施用总量已高达全球氮肥施用总量的近三分之一，同时我国氮肥的当季利用率只有约35%，为缓解我国粮食安全压力，也为节约农业经营成本和保护环境，朱兆良从不同的层次、不同视角思考

---

① 朱兆良、金继运："保障我国粮食安全的肥料问题"。《植物营养与肥料学报》，2013年，第2期，第259–273页。

② 中国农业科学院土壤肥料研究所：《中国化肥区划》。中国农业科技出版社，1986年。

如何保障我国粮食安全，期望能获得经济效益、农学效益和环境效益的统一。

转变观念发展农业

第一，转变粮食安全观念。我国一直把粮食安全目标锁定为口粮、饲料粮、工业用粮和其他用粮的总需求与总供应的平衡或基本平衡，因此，一般确定人均粮食生产量为400千克/年（包括谷类和其他各种粮食作物的总产量），这样才能保障我们的粮食安全。这个观念给国家带来很大的粮食增产压力。但是如果我们仅以保证口粮自给为目标，压力将被缓解。据此朱兆良预测，到2020年，若只保证口粮安全，我们粮食产量只要比2005年多3900万吨就可以了，而不是增加8800万吨。这将大大缓解保障粮食安全的压力，并可以缓解由此带来的其他压力，如耕地、环境等。①

第二，坚持新的指导思想，推进种植业发展。在指导思想上应从过去高产、再高产转变为高效、优质、高产、低耗、安全，将粮食生产的社会效益、经济效益和环境效益统一起来，已成为发展现代农业经济的核心，从这一原则出发，应重新审视现有的技术和发展新技术。朱兆良认为在新的时期，我们必须切实贯彻"高产、优质、高效、生态、安全"的指导思想，走出一条既能保证作物持续增产、农田生产力不断提高，又能保持良好生态环境的可持续发展之路，只有这样才能达到保证粮食安全和保护环境的双赢目标。②

第三，科学考虑施肥区域布局。将来想在有限的高产田上如太湖地区再进一步提高产量有相当难度，并且经济效益和环境效益都较差。根据第二次土壤普查结果综合评判，我国三分之二耕地属于中低产田，其中中产地区约占耕地面积的三分之一。中产地区比低产地区拥有相对较好基础条件，通过增施化肥提高单产的潜力大。为此需要加强农田基本建设，改善灌排条件，消除存在的障碍因素，以充分发挥施肥的效果。同时，在低产

---

① 朱兆良：拓宽思路保障粮食安全。《中国科学报》，2006年6月23日。
② 同①。

地区国家也需要有针对性地加强土壤改良和农田基本建设，消除限制因素，提高农田土壤肥力，以发挥肥料的增产作用。朱兆良认为提高中低产区粮食产量，将是未来我们争取社会效益、经济效益和环境效益共赢的重要举措。

第四，适度规模经营，为先进施肥技术的广泛应用创造条件。目前农村一家一户的经营模式由于成本的原因，使得许多先进的施肥技术无法推广应用。因为对一家一户式的农户来说，每年多施用一两百元的肥料对很多农户不是问题，但是对一个区域、整个国家来说浪费就很大，不合理地增加肥料施用量对很多田块来说增产效用很低甚至是零，还对环境产生很大压力。朱兆良认为如果采用适度规模经营，虽每亩地只节省数十上百元的成本，由于积少成多，规模经营的农户就会考虑降低成本，这将有利于先进施肥技术的推广，能够满足既保障粮食产量，又减少环境压力的可持续发展要求。[1]

第五，调整畜禽结构，挖掘草地潜力。据报道，每千克猪肉约需消耗 2.4 千克粮食，每千克禽肉或禽蛋约需消耗 1.3 千克粮食。据此，朱兆良按照目前人均猪肉和鸡肉的需求量水平估算，到 2020 年我国约需生产出 6160 万吨肉类，需要消耗饲料粮约 1.4 亿吨，这是相当大的一笔粮食消耗[2]。所以，他提倡在肉类生产中，要高度重视节约饲料粮问题。由于要保持人民生活水平持续提高，他认为可以利用发展草食型畜禽来满足人们日常需求，以减少饲料用粮。我国草地可开发利用的潜力很大，草地发展起来可以适度扩大食草性畜禽的规模，这既可以减轻保障粮食安全的压力，还能增加牧民的收入。

粮食生产的比较效益低，要使农业增效，农民就必须调整种植业结构和农业产业结构，这样就会在一定程度上影响粮食的种植面积，再加上城市化进程的加快和不合理占用农田等问题，我国的粮食安全受到了一定的威胁。在这种情况下，在人多地少的国情面前，如何保证粮食安全就成为

---

[1] 慕亚芹、李群、崔江浩：土壤—植物营养学家朱兆良先生的科学研究与贡献。《土壤》，2017 年，第 1 期，第 1-6 页。

[2] 朱兆良：拓宽思路保障粮食安全。《中国科学报》，2006 年 6 月 23 日。

一个关系到国家经济安全的重大问题，朱兆良等人认为这不仅需要出台一系列政策以保证粮食安全，也需要从技术层面提供安全保障。

藏粮于土

保证粮食安全还需要依靠土地。万物土中长，没有土，什么都不用谈了。朱兆良认为要保证粮食安全首先要确保一定的可用于种植粮食的高产稳产农田面积，因为这种土壤在抵抗自然灾害方面的能力大大超过中低产田，所以不能在工业化、城市化发展的过程把这部分土地给占用了。

坚持易恢复性原则和因地制宜原则，来协调农业结构调整与保证种粮农田面积的矛盾。在结构调整的过程中调整出去的土地，在需要恢复种粮时，要能够立即恢复过来，同时尽量不占用高产稳产农田，特别是高产稳产的水稻田。按照农业生态系统的观点来说，大面积的水稻土相当于人工湿地，它的生态环境效应是巨大的。森林是地球的肺，湿地是地球的肾，因此，保持水稻面积对环境保护和生态省的建设非常必要。在占一补一种，应对所补的土地进行培肥和农田基本建设配套（主要是农田水利建设）工作，以提高耕地的生产潜力。目前在基本建设用地中，占用了较多的城郊优质农田，虽然占—补政策执行的较好，但是往往是面积补齐了，而土壤质量、肥力状况和实际生产能力与原先比相去甚远，所以要重视对土壤进行培肥、改良土壤、加快农田基本设施的配套建设，提高其生产潜力。

藏粮于科技

朱兆良认为"藏粮于土"与"藏粮于科技"是互补的，是相辅相成的，关键问题是保持粮食生产的综合能力。这实际需要三方面条件：一是需要有足够数量的可适合于种植粮食的农田面积。二是培养较高的农田土壤肥力，拥有较好的农田基本建设条件（主要是灌排条件）；三是农民利用比较先进的农业科技将生产潜力转变为现实生产力，后两者需要的就是科技的支持。

培养地力方面的需要就是如何科学使用肥料。朱兆良认为可以从以下方面着手。①

研究符合国情的推荐施肥技术体系，在施肥方面，可以通过区域用量控制或分区平衡施肥基础上，在有条件的地区，对土壤进行测试，对生长期间的农作物植株测试，还可以利用低空遥感和光谱技术，实现更为精准的土壤养分管理，争取达到养分供应和作物需求在时间和空间上的一致，这样就可以最大限度的发挥肥料的增产增收效益，最大限度地提高肥料的利用率，最大限度地减少肥料的损失和对环境的不良影响。在肥料研发方面，朱兆良建议，今后我国的缓／控释肥料发展需要继续以大田作物为重点，且研发的缓／控释肥能够做到三效合一（环境效益、农学效益、经济效益），特别需要注意的是新型肥料的薄膜材料或添加物确保无污染，各种肥料要有针对性，不能一种肥料满足所有土壤、农作物。化肥厂家以及科研单位的研究人员在研究中一定要明确所研发的肥料适用的土壤和环境条件以及适宜的作物，并且还需要把这些条件传授给农民，让农民科学施肥，科学处理畜禽粪便，让其成为农田肥料，既可以增加肥料来源，还可以减少对矿产和能源的消耗，所以有机肥料还是一个宝，需要利用好。最后，在农技推广方面，我们不是没有技术，主要是我们的技术没有被农民掌握，我们需要加大推广已有的技术，让其转变为生产力。在大批农业新科技成果中，选择一批针对性强、辐射面广、带动力大，并能产生重大经济效益和社会效益的农业技术进行推广示范，通过示范带动农民运用新科技成果，逐渐由经验种田转为科学种田，为此他特别提出以下几条建议。

第一，提高农技人员素质，减少冗员。强化农业可持续发展观念，农业推广机构的人员竞争上岗，增强对农技人员的培训力度，不断更新知识，以满足农业发展和农民的新需求。

第二，明确公益性和经营性两种职能分离。国家办的农技推广机构要切实履行试验、示范、推广等公益性职能，必须恪尽职守，不能不务正业

---

① 朱兆良、刘立仁、冯永农、郑励志：江苏粮食安全问题笔谈．《唯实》，2005年第4期，第11—14页。

去经营化肥农药，应由面向市场的技术服务组织承担。

第三，对公益性的农技推广工作，政府要加大财政支持。1996年到2002年间，我国农业技术推广部门的经费总收入和政府拨款收入的年平均增长率仅分别为2.8%和2.7%，远低于同期国家财政收入年均增长17%和国内生产总值GDP年增长8.1%的增长速度，也低于同期农业国内生产总值（农业GDP）3.2%的年度增长速度（资料来源于中国农业科技信息网）。农业技术推广单位的经费，大部分被用来发放人员工资，仅十分之一左右的经费直接用于推广活动，农业推广资金投入不足，严重制约着推广工作的效率和力度。

第四，创立农业科技研究平台。如江苏省从事农业科技研究的单位和部门很多，科研能力也很强，希望省政府把各方面的力量整合起来，创立农业科技研究平台，在继续开展单学科研究的同时，整合各方研究力量，相互协作，相互配合，共同围绕农业生产的高效、优质、高产、低耗、安全的目标进行研究。

防治农业面源污染

朱兆良对农业污染的关注不是一天两天的事情，农业面源污染也不仅仅是我们国家的事情，国际上对农业污染关注始于20世纪70年代，其后氮污染与环境问题在国际上越来越引起人们的重视，1976年在瑞典斯德哥尔摩举行第三十八届关于氮的学术讨论会，推动了氮的环境问题的研究。1978—1980年，国际科学联盟委员会（ICSU）所属环境委员会（SCOPE）委托瑞典皇家科学院为氮的生物地球化学循环科学研究协调单位，八十年代又分别在非洲西部和东南亚安排了两个区域性氮循环研究现场，通过示范作用，既培训当地科学工作者，提高食物与纤维的产量，又能获得避免由于氮污染引起环境质量降低等方面的专业知识。1980年，苏联学者曾在文章中论述过水田灌溉的弃水含有硝酸态氮和氨态氮，其浓度虽不高，但由于水量很大，足以造成河水的污染，该学者认为这一点很值得注意。① 我国学者对环境中氮循环与环境污染问题的研究是从上世纪八十年代才开始的。1982年在大连召开的

图 6-1　中国种植业非点源污染控制对策研究课题专家合影
（前排左四外方组长 David Norse，左五朱兆良。朱兆良提供）

环境中氮污染与氮循环学术会议，是我国最早关于氮污染环境问题的学术会议，会上陈荣业和朱兆良提交"氮肥去向研究——Ⅰ.稻田土壤中氮肥去向"论文。

朱兆良认为，氮肥施入土壤后的去向，直接关系到作物增产和环境保护，是农业和环境科学研究中的基本问题。

1998 年"两会"期间，朱兆良在政协小组会上关注农业面源污染的发言还引起时任国家主席江泽民的高度重视。2000 年 2 月 6 日，《光明日报》刊登了"为了这方净土——记农工中央副主席朱兆良"的报道。

2008 年，朱兆良根据自己最新研究，发表了"中国农业面源污染控制对策研究"一文。他认为我国农业面源污染的主要原因由于地表水体的氮磷污染和农药的使用带来的污染，为什么是这两者带来污染呢？主要是由于：第一，粮食安全和保障农产品供应的压力大，长期以来我们一直强调高产再高产，忽视环境保护。第二，技术推广体系薄弱，农民施肥的盲目性大。他指出，一些高产地区农民盲目过量施肥的现象十分普遍，特别是氮肥，由于栽培技术和水肥管理技术不配套，导致氮肥利用率低，损失率

---

① 高拯民：土壤—植物系统中氮的损失与环境保护。见：中国土壤学会土壤农业化学专业委员会、土壤生物和生物化学专业委员会编：《我国土壤氮素研究工作的现状与展望——中国土壤学会土壤氮素工作会议论文集》。科学出版社，1984 年，第 88 页。

高,氮肥的增产效果没有得到充分发挥,并引起病虫害加重、农药使用频繁,其结果是氮肥和农药的面源污染加重。第三,蓬勃发展的养殖业带来的污染。主要是由于缺乏统一考虑畜禽生产和环境保护的发展规划,畜禽粪尿的资源化缺乏政策的鼓励和支持。因为现实是养殖场违法排污的成本低,这直接促使经营者缺乏进行畜禽粪尿资源化利用积极性,导致其处理率低和随意排放的问题严重。

朱兆良除了对原因进行分析外,也提出了防治中国面源污染的对策建议:[1]

首先,将粮食安全概念提升为食物安全。具体做法是加强六十亿亩草地的建设和可持续利用,通过牧草场的建设,增加草食动物肉类生产,以尽量降低饲料粮在粮食消费总量中的比例和减轻粮食生产的压力。同时进行农艺学和经济学的分析论证,探讨在中西部中产地区建设粮食生产基地的必要性和可行性,提高其生产能力,以减轻环境污染比较重的东部高产地区的粮食生产压力。

其次,促进畜禽粪尿的资源化利用。在养殖业方面,编制与环境保护相统一的区域规模化畜禽养殖业发展规划,为此需要国家制定相应的政策和法规如地区养殖业的发展规模和布局;商品有机肥的质量标准;将商品有机肥纳入农资范畴进行管理,制定促进商品有机肥产量发展的各项优惠政策;养殖场废弃物的排放标准和提高其处理水平的法规等。

再次,推进种植业可持续发展。在种植业方面,必须切实贯彻"高产、优质、高效、生态、安全"的指导思想,大力推进符合这一要求的已有施肥和施药技术。为此,一方面,亟须加强农业技术推广体系建设,明确其公益性质,提高农技推广人员的环境意识;另一方面,还需从政策上促进规模化生产的发展,包括加强农民专业经济合作组织的建设等,以提高规模效益,并有利于先进农业技术的推广和应用;同时,进一步开展新技术的研究。

已有的成熟技术很多,例如,测土配方施肥,"前氮后移",深施和水

---

[1] 朱兆良、David Norse、孙波:《中国农业面源污染控制对策》。中国环境科学出版社,2006年,第14–18页。

肥综合管理技术；高产地区避免盲目过量施氮的"区域总量控制与田块适当调整相结合"的施氮量推荐技术；在水稻高产地区积极推广水稻精确定量施氮技术；在粮食高产区和基础条件好的区域，结合测土配方施肥项目，建立县域尺度的耕地管理和施肥决策系统；改进农药使用技术和方法，例如，采用气力式雾化型施药器械等。

最后，实施流域综合管理计划。在重点流域（如"三江三湖"），结合国家"十一五"规划的"资源良性循环的生态新农村"建设，进行小流域面源污染的综合治理。例如，采用生态沟渠、生态湿地、生态隔离带等技术。在农村居住区，建立集中式和分散式农村生活污水处理系统，同时开展面源污染控制最佳措施体系的研究和示范，尤其是开发适合农村及农田污染物控制的生态技术。

朱兆良对氮肥带来的环境污染一直关注，不过随着自身学识的积累，看问题的视野越来越开阔。最初是通过试验，研究怎样才能提高氮肥的利用率，进而减少氮对环境的污染，走的是微观技术路线。后来随着知识积累，认识问题能力的提高，以及全国政协委员参政议政地位，他就立足专业做一些宏观的思考。从他提出的治理农业面源污染的对策我们就可以看出这其中的变化：五十岁时还做试验希望在施肥方法、施肥技术以及肥料种类和土壤种类上探讨怎样提高氮肥利用率，到古稀之年他不仅把土壤氮素管理与粮食生产和环境综合起来进行思考，还从政策、法规方面来探讨如何防治我国农业污染问题。

第七章
积极开展学术交流与合作

科学需要许多人与人之间的交流,这些交流可以通过发表论文来完成。但是科学交流并不全都是通过发表论文进行的,一批科学工作者和另一批科学工作者之间还通过访问、个人接触和通信进行科学思想交流,其范围要比我们认识到的广泛得多。[①] 参加国内外学术会议则是收益最大的交流形式。

国外学术交流与合作

援建古巴

尽管科学是国际性的,但是,科学技术的国际交往受到世界政治格局的限制。国际政治格局的形成取决国家之间的,特别是大国之间利益平衡。中国的科学技术国际交往受国际政治关系影响最为明显,在二十世纪

---

① 贝尔纳:《科学的社会功能》。陈体芳译、张今校。广西师范大学出版社,2003年,第353页。

整个五十年代，中国采取"一边倒"的外交政策，同苏联和东欧国家保持密切的科学技术交往。

中国与苏联关系破裂以后，我国积极开展与第三世界国家的交流与合作，在这样的环境下，从六十年代开始，先是马溶之、李庆逵等先后对古巴进行访问和考察，1965年2月下旬，在李庆逵的带领下，朱兆良和陈家坊、赵其国、刘兴文、丁镛、陈祥春（翻译）、程云生等同事从北京出发一起远赴古巴，直到1966年6月才返回国内。

图7-1　在中国驻古巴大使馆前
（1965年，朱兆良提供）

援建小组开展一系列援建工作，如帮助古巴科学院建立土壤所，开展土壤调查和制图工作，筹建实验室，并赠送古巴科学院土壤实验室技术装备一套。朱兆良的主要任务是帮助建立化学分析室，开展一些化学分析工作，培训对方工作人员等。当时古巴科研条件非常简陋，所以开展的具体研究工作不多。

这次出国和朱兆良以后所有出国的情形和目的都不同，以后的几次出国都是学术交流。这次出国属于政治性，实际是完成国家交给他们的任务。去古巴之前，国家就对他们提出要求，到了古巴后代表的是国家，要注意形象，不能为难对方，要客随主便，尽力克服生活上的不适应，如饮食、语言等。朱兆良他们到了古巴以后，一切遵照古巴方面的安排开展工作，在生活上古巴科学院把中国派去的专家安排在科学院内的一栋小楼里，吃住都在一起，还派一名厨师给他们做饭，虽不会做中国菜，但朱兆良和同事都克服饮食上的困难，努力调整自己，适应古巴厨师的手艺。由于是官方的合作，所以两国的政府都非常重视这次援建工作。

我国这次援建古巴在仪器和人员方面都做了最好的配备，从第三国购买了一套当时在土壤学界高精端的分析仪器送给古巴科学院。我国派去的

第七章　积极开展学术交流与合作

人员在专业上合理搭配。陈家坊是对外组长，负责具体事务，其专业是土壤物理化学方面的，对分析室的管理也很有经验；赵其国是党小组组长，专业是土壤地理、野外调

图 7-2　朱兆良和同事参观古巴动物营养所畜牧试验站
（1966年。左三陈家坊，左五朱兆良。朱兆良提供）

查、土壤资源等，刘兴文是配合赵其国的，专业也相同。丁鑑是研究土壤微生物的，程云生是研究土壤物理的，朱兆良是研究土壤植物营养化学的。我方科学家帮助古巴科学院建立了土壤所。

到古巴的工作人员为能够尽快融入当地的工作环境，他们积极学习西班牙语，古巴方面也给予积极的支持。每天下午下班后，古巴科学院的一位领导会给援建的工作人员上一个小时的语言课程。由于代表的是中国，压力很大，每位成员都努力学习语言，没有多长时间，朱兆良和其他工作人员就可以和古巴的工作人员进行直接交流了，等到回国的时候，每个人口语都很不错了，这也算是他们的额外的收获。

参加东南亚季风区氮素循环会议

1972年全国科技工作会议以后，中国开始恢复正常的科学研究，新的国际交往也随之开始。这年联合国教科文组织召开第十七届大会，中华人民共和国政府第一次派代表参加这种会议，这标志着中国政府的一种新的国际科技视野。[①]1972年11月法国在中国举办科技展览，1973年5月美

---

① 董光璧：《二十世纪中国科学》。北京大学出版社，2007年，第126页。

国科学家代表团应邀访华，6月中国派科学家参加在墨西哥召开的美洲大陆科学和人类讨论会，7月美国高能物理学代表团来北京访问，1974年5月以周培源为团长的中国科学院代表团出访联邦德国、瑞士和法国，8月瑞士工业技术展览在北京举行。这个好势头，一度被打断，直到1978年3月全国科学大会以后才又重新开始。这年7月，中国宇航学会会长任新民率代表团出访日本，12月他又率团访问美国航空航天局。① 中国科学院从1978—1979年开始同美国、日本、德国、法国、英国、意大利、荷兰、瑞典、比利时、芬兰、西班牙、奥地利十二国的相关机构建立了双边关系；同东南亚的印度、巴基斯坦、新加坡、韩国、泰国，同南美洲的巴西、阿根廷、加勒比海地区的古巴以及非洲和阿拉伯等发展中国家也建立了合作关系。②

在中国科学院积极开展国外合作的环境下，李庆逵得知1979年11月5日至9日在泰国北部清迈市举行"东南亚季风区氮素循环学术会议"，李庆逵就告诉朱兆良并且让他参加这个会议。朱兆良参加了这次会议。会上，朱兆良关注国外的同行在用什么方法，如何研究土壤氮素；同时也要通过报告自己的论文，让国外的同行了解我国植物营养研究领域的专家在运用什么方法，如何进行试验研究工作。

由于交通不便利，为了到泰国清迈参加会议，朱兆良从南京到北京，换乘飞机到日本东京，再从东京飞到曼谷，第二天从曼谷坐车才到达开会的清迈。

朱兆良在会议上做了题为"中国江苏苏州地区水稻土中氮素的循环和肥料氮的去向"（Nitrogen cycling and the fate of fertilizer nitrogen in rice fields of the Suchow District, Jiangsu Province, China）报告。报告从水稻高产的需氮特点出发，探讨了土壤氮、有机肥料氮和化肥氮的有效利用问题，并且根据已有资料，估算了苏州地区1978年农业生产中的氮素平衡账，该报告首次向国外研究土壤氮素的专家展示了中国土壤氮素研究的水平和实力，引起国外参会人员的重视。同样朱兆良在此次大会上也结识不少国外

---

① 董光璧：《二十世纪中国科学》。北京大学出版社，2007年，第126–127页。
② 董光璧：《二十世纪中国科学》。北京大学出版社，2007年，第127页。

专家学者，如国际水稻所业务所长 D. J. Greenland、澳大利亚 CSIRO 的 R. Wetselaar 和 J. R. Freney。这几位专家为后来朱先生参加国际水稻所的会议以及中国与澳大利亚在氮素研究方面的合作给予很大帮助。

回国后，朱兆良在介绍参加会议情况上提到会议由"国际氮素研究组织"（系由"国际科协的环境问题科学委员会"与"联合国环境规划署"联合组成的）、"人与生物圈委员会"、"泰国全国研究协会"以及泰国清迈大学联合主持召开的。"与会学者共七十余人，来自十一个国家。会议是国际氮素研究组织 1978 年—1980 年工作计划中一次地区性会议，另一个地区性会议是关于西非不同生态系统中氮素循环方面的，已于 1978 年 12 月在尼日利亚举行。这次会议上共宣读论文四十八篇，其中二十一篇是有关水稻田中氮素循环的，几乎占论文总数的一半，有关森林、经济林木和农林轮作制方面的共约十四篇，经济作物方面的三篇。此外，包括环境质量、数学模拟、测试方法、泥炭资源的利用等方面的共十篇。大会报告历时近三天，然后分为水稻、森林、农林轮作制、集水区和农村水平（指在一个村社范围内的一种自给自足的生态系统，其氮素循环基本上限于该村社范围内）等五个组进行了约一天的讨论。我们参加了水稻组的讨论，这是最大的一个组，有二十余人参加。"[①]

出访日本

1980 年 3 月 26 至 4 月 18 日，朱兆良陪同熊毅所长，考察日本土壤学研究情况，期间他们参观访问了东京大学、京都大学、鸟取大学、静冈农业试验场、日本农业研究所、热带研究所等。在 19 号从日本东京直接飞到菲律宾的马尼拉参加国际水稻所（IRRI）成立二十周年的庆祝大会，这次访问与日本有关专家进行了学术交流并建立联系，与国际水稻所有关专家也建立了联系。

熊毅（1910—1985），贵州省贵阳人，著名土壤学家，中国科学院院

---

① 朱兆良："东南亚湿润季候风地区生态系统中氮素循环学术会议"情况简介.《土壤》，1980 年第 1 期，第 35-38 页。

士，是我国土壤胶体化学和土壤矿物学的奠基人，在北平大学农学院读书时师从土壤学教授刘和。他在刘和的指导和影响下，对土壤学产生了很大的兴趣，1932年大学毕业后被推荐到中央地质调查所土壤研究室工作，1947年获得中华文化教育基金

图7-3 朱兆良陪熊毅先生访问日本（1980年。左一菅野，左二熊毅，左三朱兆良，左四川濑。朱兆良提供）

的资助赴美深造，师从密苏里大学马歇尔教授，获得硕士学位，后来转到威斯康星大学在杰克逊教授的指导下，从事土壤胶体研究，并于1951年获得博士学位，同年8月回国。[1]

2015年9月22日在中科院封丘生态实验站，朱兆良说："熊老是真正的大家，他的贡献是非常突出的。"当时朱兆良还对着熊毅的铜像深深地鞠了三躬。在场的每一个人都为朱兆良的行为所感动，同时也感受到了朱兆良对熊毅的尊敬。

朱兆良也不知道当时熊毅为什么要他陪同一起去日本访问。当时能够出国是不容易的，而他却连着两年都能出国进行学术交流，据推测可能是因为朱兆良的科研工作水平以及他会日语。当时所里的同事懂俄语和英语的很多，会日语的较少，加之1979年朱兆良参加在泰国清迈举行的会议已经认识了国际水稻所的一些专家，如他们的业务副所长 D. J. Greenland，他们要从日本去马尼拉参加他们的建所二十周年庆祝大会，在这次访问过程中朱兆良和日本静冈农业试验场的近藤鸣雄建立了非常好的关系，后来发展成好朋友，今天两位老人还会互相给对方邮寄明信片。同时在马尼拉又认识了土壤微生物方面的日本学者 I. Watanabe 和农学方面的学者 S. K.

---

[1] 周健民：熊毅教授与我国土壤科学的发展——缅怀熊毅教授。《土壤学报》，2002年第6期，第769-779页。中国科学技术协会编：《中国科学技术专家传略农学编·土壤卷1》。中国科学技术出版社，1993年，第152-178页。

第七章　积极开展学术交流与合作　　*105*

De Datta，并与他们建立了很好的关系。

访学澳大利亚

在澳大利亚联邦科学与工业研究组织（CSIRO）植物工业所的资助下1981年2月25日，朱兆良从北京出发，踏上澳洲的土地，期间在CSIRO的植物工业所与对方研究人员合作进行氨挥发的研究，之后参观访问了墨尔本大学、昆士兰大学、新英格兰大学、热带牧草和作物研究所等单位，回国途中应邀参加了IRRI（国际水稻所）研究年会。通过这次出访，朱兆良与澳大利亚几位科学家建立了友好联系。

图7-4 朱兆良在澳大利亚堪培拉访问CSIRO土壤所（1981年。前排左一Rob Wetselaar，左二席承藩，左三鲁如坤，后排左一于天仁，左二朱兆良。朱兆良提供）

这次去澳大利亚主要是学习John Freney与一位大气物理学家一起研发的微气象测试氨挥发的技术的。朱兆良在澳大利亚的前两个星期主要和Freney以及其他研究人员一起试验能否把微气象学方法简化一下，因为Freney他们发现这个技术在田间测试时要求高、设备比较复杂，想试验一下能否改进，使之能够方便操作。

Freney研发的原位测氨挥发的技术，在澳大利亚主要是用来测试旱地氨挥发的情况，这个技术要求测试时，必须在田间圈出一个直径50米的圆，在这个圆的周围不能施用氮肥，然后在这个圆内设置四个不同的高度，安装调试好设备后就可以进行测试，白天要求两个小时测定一次气样，晚上还要工作到很晚。一旦测试工作启动了，工作量很大，参与测试的人很累。为了改变这种测试技术，并且还能够达到测试的准确性，他们让朱兆良参与改进工作。Freney 等工作人员继续按照

图 7-5 朱兆良与澳大利亚友人 John Freney
（2004 年。朱兆良提供）

原位测试的方法进行试验设计和操作，而朱兆良就用一根玻璃管，把管子冲洗干净后，再用盐酸冲一遍，这样管壁上就会挂上盐酸，当有氨气进入时盐酸就会吸收。Freney 等朋友笑称这根管子为"zhu pipe"，同时进行这两种方法是希望通过朱兆良的方法测得结论乘以系数就可以得到原位观察法测得氨挥发值了。由于时间短，试验没有最后完成，并且从他们已测的数值，发现无法通过乘以系数来实现之前的设想。不过，通过参与这次合作研究，朱兆良把原位测氨挥发的技术学到手，这为他后来在镇江练湖农场测氨挥发以及在封丘测氨挥发奠定了技术上的基础。

通过这次出访，朱兆良与 John Freney、Jeff Simpson 两位学者建立了非常好的国际友谊，双方将这种友谊一直延续到二十一世纪。2007 年 12 月，朱兆良去澳大利亚时还到 Freney 的家中做客。

国内学术交流

参加第一次氮素工作会议

土壤氮素研究可以说是土壤学中历史悠久又具有活力的一个领域，国

图7-6 朱兆良参加第一次全国氮素工作会议留影（1984年。左一文启孝、左二朱兆良、左三郭鹏程。朱兆良提供）

际上对其研究在二十世纪六十至八十年代日益深入，我国土壤氮素研究工作在这个时间段也有了质的飞跃，在取得一系列研究成果的同时，氮素研究者又面临着氮肥生产和施用水平迅速提高以及由此带来的新问题。有鉴于此，中国土壤学会土壤农业化学专业委员会和土壤生物及生物化学专业委员会于1984年12月14—19日在福建厦门市召开了第一次全国氮素工作会议，出席会议的代表共六十五人。这次会议研究的主题包括：水稻的氮素营养、土壤氮素的矿化和供应、土壤黏土矿物固定态铵、氮素损失的途径、氮素损失与环境保护、有机肥与化学氮肥配合下氮素的转化和供应、农田的氮素管理、农业中固氮作用的利用、氮素循环等方面。通过提交的会议论文，我们可以看出当时研究人员在氮素研究领域关注的农作物主要是水稻，其次是小麦和玉米。这是因为水稻产量高，在我国水稻土占耕地总面积的比例较大，而国外对水稻土研究较少。当时我国面临的状况就是要不断提高粮食产量，以满足百姓对粮食的需求。生产和科学发展两方面促成了水稻土不仅成为植物营养研究人员工作对象，也是其他学科如农学、土壤学等的重要研究对象。①

我国在七十年代大力发展化肥工业，国产化肥产量逐步提高，对农民施用化肥还采取政策补贴，加之化肥增产效果明显，农民就大量地施用化肥。氮肥的大量施用带来一系列后果：一是降低农产品质量；二是浪费资源；三是会污染环境。这次会议提交的论文基本都是围绕解决生产中这三

---

① 中国土壤学会土壤农业化学专业委员会、土壤生物和生物化学专业委员会编：《我国土壤氮素研究工作的现状与展望——中国土壤学会土壤氮素工作会议论文集》。科学出版社，1984年。

个问题而展开的。

我国著名农学家樊庆笙就指出:"要重视氮肥的有效利用,以防止全国十三家大型氮肥厂生产的氮肥,只有三分之一营养了作物,其余大部分,即等于八家大型氮肥厂的产量,都成了不必要的浪费。"[1]针对氮肥利用率不高对资源浪费大的问题,也有学者提出:"施用和运送吨氨氮的化肥,虽然省工省时,但合成吨氨所耗的能量,足以把含吨氨的有机肥料二百余吨运往数十公里,至少是三四十公里范围内的农田里。同时,靠土壤净化这些废物,避免环境污染,土壤肥力、农产品产量和质量又均获得提高,这种综合效益,是很难以简单的一斤肥增产几斤粮食所能比拟的。"[2]

参会人员也意识到在土壤氮素方面还有很多需要继续研究的,对今后氮素研究工作提出一些建议:[3]①在作物的氮素营养和施肥技术方面,除稻麦棉外,应开展其他主要经济作物的研究,除着眼于产量外,应加强提高品质的研究。②在土壤供氮方面,除供氮指标外,应加强保持和提高土壤供氮能力的研究,并对不同类型土壤的氮素供应继续进行定点观测。③继续进行不同条件下肥料氮去向的研究,建立和完善田间条件下测定氮素损失的方法,进一步开展氮素损失途径的研究。④在不同地区主要作物的氮肥施用技术的研究中,应充分注意耕作方法的改变(例如免耕和少耕)和设施栽培的广泛应用(如薄膜覆盖)等。⑤加强有机肥料与化学氮肥配合施用下氮素的转化和效果的研究。⑥加强氮肥施用水平高的地区氮素损失对环境质量的影响,以及城市废弃物利用的研究。⑦生物固氮的利用方面,应把研究对象扩大到牧草,并充分注意红萍饲料利用的价值。⑧注意从农牧结合的角度来考虑氮素的

---

① 樊庆笙:共生固氮和土壤肥力。见:中国土壤学会土壤农业化学专业委员会、土壤生物和生物化学专业委员会编:《我国土壤氮素研究工作的现状与展望——中国土壤学会土壤氮素工作会议论文集》。科学出版社,1984年,第212页。

② 金维续:我国有机肥料氮和无机肥料氮的状况及配合施用效果。见:中国土壤学会土壤农业化学专业委员会、土壤生物和生物化学专业委员会编:《我国土壤氮素研究工作的现状与展望——中国土壤学会土壤氮素工作会议论文集》。科学出版社,1984年,第124页。

③ 中国土壤学会土壤农业化学专业委员会、土壤生物和生物化学专业委员会编:《我国土壤氮素研究工作的现状与展望——中国土壤学会土壤氮素工作会议论文集》。科学出版社,1984年,第228页。

循环问题，注意积累氮素循环中各个过程的定量数据。

朱兆良当时研究内容主要是适宜施氮量的确定、氮肥去向定量化研究，这两项都是大会所提出需要加强和深入研究的对象，由此我们可以看出朱兆良从上世纪八十年代就瞄准了土壤氮素研究的前沿问题。

组织召开"氮素循环与农业和环境"学术讨论会

朱兆良不仅组织了1984年的氮素工作会议，时隔十七年，也就是在2001年他又组织召开了"氮素循环与农业和环境学术讨论会"（简称第二次氮素会议）且担任大会主持。这次会议由中国土壤学会、中国植物营养与肥料学会、中国作物学会、中国园艺学会、中国地理学会、中国环境学会和中国化工学会七个全国学会联合组织的于2001年5月12日到5月19日在厦门召开，到会代表一百零八人，会议主要以中青年学者为主体，还有来自台湾省的两位学者和来自瑞典的一位学者。第二次氮素会议规模大大超过第一会议，其原因是在氮素研究方面研究工作获得了长足的发展，同时也说明我国研究人员的视野也拓宽了。

与第一次氮素工作会议不同，这是一次跨学科的学术交流会，1984年会议仅有中国土壤学会的土壤—植物营养和土壤生物及生物化学两个专业委员会组织人员参加，与上次会议相比，不论参会人员，还是提高论文比上次会议有了长足进展，论文内容涵盖如下四个方面内容：

第一，土壤氮素转化。包括生物固氮、硝化和反硝化、氨挥发、土壤有机氮的化学本性和NH_4^+氧化的最近进展。

第二，农田生态系统循环和氮素管理。这是本次论文数量最多的一个方面，内容涉及到化肥氮的去向、当季氮肥的利用率、农田中氮肥的损失途径及如何提高氮素利用率等。控释氮肥及专用肥与农业服务在本次会议中占有一定分量。

第三，农业生态系统氮素循环。内容涉及到人畜排泄物氮和其他有机肥料氮的再利用及其对环境的影响。

第四，氮素的生物地球化学循环。内容涉及到人为活动对氮循环的影响和氮素向水体及大气的迁移。

会议报告强调了自工业化以来，由于人口膨胀和人为活动的加剧，严重地干扰了自然界的氮循环，使陆地氮的通量大幅度增加，引发了氮对大气和水体的污染，成为全球性环境问题。

会议拓展参会人员的学术思想，从氮素与农业生产的角度出发，过去只着眼于农田系统的氮循环，从氮素与环境角度出发，不仅要着眼于农业生态系统氮循环，还要着眼于氮素的生物地球化学循环。

与会代表比较一致地认为，就中国当时情况而论，在氮素管理方面存在两个值得关注的问题，一是氮肥用量虽然逐渐增加，但输入的每千克氮的增产效果却在降低；二是在某些氮肥用量过多、人口密集、工农业发达的地区，由于对再循环氮（人畜排泄物氮及秸秆氮等）的利用与管理方面存在问题，导致氮对水体和大气的严重污染。

会议还对以后土壤氮素研究中的一些重要问题取得了某些共识：

第一，对氮素损失途径的定量评价是非常紧迫的任务。这对于农业生产中氮肥的合理施用和环境保护都是十分需要的，当时虽已有一些定量评估，但存在很大的不确定性。

第二，合理施用氮肥，提高氮肥利用率，减少氮素损失。这是提高氮肥的增产效果和控制氮对环境污染的关键所在。

第三，循环氮的利用管理和资源化。目前中国农村，特别是经济比较发达的地区，城市和村镇人畜排泄物用作肥料的比例越来越小，多数情况下是不加处理直接排入水体；作物秸秆用作肥料的比例也很小，往往直接在田间燃烧；饲养动物特别是代表发展方向的不同规模的养殖场的动物排泄物等的资源化不仅有经济价值，而且有环境意义。[①]

主持第三届国际氮素大会

自工业化以来，化学氮肥和化石燃料的使用为农业和工业的发展做

[①] 中国土壤学会：《氮素循环与农业和环境学术讨论会论文集》。《土壤学报》，"氮素循环与农业和环境"专辑，2002年，第1—2页。

出了重要贡献，但由于工农业生产的发展和人口的增长，特别是化学氮肥和化石燃料消耗量的急剧增加，自然界原有的氮素循环被严重扰乱，失衡的氮素循环过程中产生的一些氮氧化物和氮氢化物向大气和水体过量迁移，由此导致了严重的环境问题。鉴于氮对环境的影响是全球性、持续性和上升性的，因此氮与食物和能源生产及其引发的环境问题逐渐引起各国政府和科学家的高度关注，每三年定期召开一次的全球性氮素大会也就应运而生。

图 7-7 在第三次国际氮素大会上签署"南京宣言"（左一朱兆良，左二 James Galloway，左三阳捷行。朱兆良提供）

第一届国际氮素大会于 1998 年在荷兰召开，此会是针对欧洲地区氮过量问题由欧洲科学家发起，我国部分土壤氮素研究专家也出席了此次大会。2001 年在美国召开了第二届国际氮素大会，重点就北美和欧洲地区的粮食和能源生产与环境保护中的氮素管理展开研讨，在此次会议上，我国与会人员南京土壤所研究员邢光熹递交了我国将承办第三届国际氮素大会的申请书，因此第三届国际氮素大会于 2004 年 10 月 12—16 日在我国南京举行，大会的主题是"人口增长与经济发展对氮循环的影响：地区、区域和全球尺度上的后果及调节"，重点就亚洲地区的氮管理及氮环境问题展开研讨，特别是中国作为世界上氮肥施用量最多的国家，日益突出的氮素环境问题已经引起国内外广泛关注。

这次会议有来自世界五大洲四十多个国家近四百名专家和学者出席。我国是世界上氮肥使用量最多的国家，在 1986 年的时候我国使用氮肥约占全球总施用量的五分之一，以后逐渐上升，到 2000 年以后这一比例上升到约占世界年用量的三分之一。我国还是能源消耗大国，所以氮素引发的环境问题在我国尤为突出，并受到国际上的关注。第三次国际氮素大会在我国召开，对于协调我国的农业可持续发展、经济快速发展以及与氮素有关的环境保护工作有着重要的意义。

大会开幕式是由中国土壤学会理事长、中科院南京土壤所所长周健民主持，朱兆良担任大会主席并代表组委会致开幕词，会上朱兆良做了题为"人口增长，经济发展对亚洲氮循环的影响"的主题报告，大会从全球和亚洲区域角度出发，组织了两场圆桌讨论会，中心议题为"全球和亚洲区域由人口增长，经济发展驱动的食物、能源需求的增长带来的环境影响及减缓对策"。考虑到氮模型已成为研究和表征不同生态系统氮循环的一个重要方法，大会还组织了专场讨论，中心议题是"生态系统氮模型面临的挑战"。

10月16日，大会一致通过了"氮素管理的南京宣言"（"Nanjing Declaration on Nitrogen Management"）。这是在中国召开的第三届国际氮素大会的一项具有历史意义的记录，大会通过的南京宣言正式文本当场交给了联合国环境规划署（UNEP）驻北京代表处的代表，并由她转交联合国环境规划署（UNEP）。朱兆良说："签订这个宣言，其原因是氮素的两面性，一是在提高粮食产量方面，氮肥功不可没，另一方面是不合理的使用氮肥会污染环境。我们签订的目的是选择或者是提出一个主张，要合理使用氮肥。"

Nanjing Declaration on Nitrogen Management

The participants of the Third International Nitrogen Conference, held in Nanjing, People's Republic of China, 12–16 October 2004.

AFFIRM the principles of the Millennium Development Goals and the World Summit on Sustainable Development to speedily increase access to basic human needs such as energy, water food security and the protection of human health and biodiversity.

AFFIRM the scientific findings of the International Nitrogen Conferences and the International Nitrogen Initiative (INI).

ACKNOWLEDGE that reactive nitrogen plays a vital role as a nutrient in the production of food, fiber and other societal requirement for the growing population.

RECOGNIZE that although anthropogenic production of reactive nitrogen exceeds natural creation in many regions of the world, other areas suffer from the opposite problem— a deficiency of reactive nitrogen in the soil, contributing to food insecurity and malnutrition. These areas include most of Africa and parts of south America and Asia.

RECOGNIZE that, although many people suffer from malnutrition, a growing proportion of the world's population consumes excess protein and calories, which may lead to human health problems. The associated production of these dietary proteins (especially animal products) leads to further disturbance of the nitrogen cycle.

ACKNOWLEDGE that reactive nitrogen is a by-product of fossil fuel combustion that contributes to the welfare of humanity by supplying electricity, transportation and energy.

NOTE WITH SERIOUS CONCERN that in many parts of the world, significant amounts of reactive nitrogen are lost to the environment in agricultural and industrial production and fossil fuel combustion. This has lead to disturbances in the nitrogen cycle, and has increased the probability of nitrogen-induced problems, such a pollution of freshwaters, terrestrial and coastal ecosystems, decreasing biodiversity and changing climate, and poses a threat to human health.

ARE FURTHERMORE CONCERNED that, with the rapidly increasing world population, the disturbance of the nitrogen cycle will become worse unless adequate measures are taken.

AFFIRM that since the different forms of reactive nitrogen can be transformed into one another and are very mobile in the environment, an integrated approach to optimize nitrogen use whilst preventing nitrogen pollution is necessary.

ARE KEENLY AWARE of the urgent need for international cooperation to decrease the disturbance of the nitrogen cycle.

ENCORUAGE countries to coordinate their research, exchange solutions, and work together with the International Nitrogen Initiative and its Regional Centers, including participating in the International Nitrogen Conferences as recurrent opportunities to discuss scientific progress and issues related to policy.

CALL UPON the United Nations Environment Programme, as the environmental conscience of the United Nations system, to promote unders-tanding of the nitrogen cycle, asses consequences of its disturbance, provide policy advice and early warning information, and catalyze and promote international cooperation. This should be done in conjunction and close cooperation with: the Consultative Group on International Agricultural Research, the Food and Agriculture Organization, the World Health Organization and other appropriate United Nations organizations, stakecholders, the International Nitrogen Initiative and its Regional Centers, and other relevant organizations.

WELCOM the new International Assessment on Agricultural Science and Technology for Development and recommend that it should fully consider agriculture nitrogen issues.

Hereby declare their commitment to facilitate the optimization of nitrogen management in food and energy production, and environmental protection.

Call upon their national governments to optimize nitrogen management on a local, regional and global scale by:

1. Supporting further assessment of the nitrogen cycle, its benefits for humankind, and its consequences on human health and the environment.

2. Focusing efforts on increasing the efficiency and effectiveness of

agricultural production and energy use, while decreasing the adverse effects of reactive nitrogen.

3. Promoting exchange of information and technology, raising public awareness, encouraging research and development of solutions to reactive nitrogen problems, and monitoring disturbances of the nitrogen cycle.

4. Taking action to enhance availability to reactive nitrogen as food, fiber and other basic needs in regions of nitrogen deficiency and avoid nitrogen pollution. This can be done by continual development and promotion of

a) A code of good agricultural, forestry, and aquacultural practices, recognizing the needs for specific practices to be tailored to specific conditions and improving utilization of nitrogen in food production;

b) Strategies for sustainable energy use to prevent the formation of nitrogen oxides in fossil fuel combustion, and

c) Application of emission reduction technologies (e.g. wastewater treatment, selective catalytic reduction).

Co-Chair of the conference Zhu Zhaoliang, Prof. Zhaoliang Zhu, Soil Science Institute Chinese Academy of Sciences, People's Republic of China

Co-Chair of the conference Katsu Minami, Prof. Katsu Minami, National Institute of Agro-environmental Sciences, Japan

Chairman of INI James Galloway, Prof. James Galloway, University of Virginia, USA

组织编写学术专著

到上世纪八十年代，虽然我国研究土壤氮素已经有数十年，除在植物营养原理、土壤概论之类的书中对土壤氮素有一些零散的介绍外，还没有一本专门论述土壤氮素的书籍，无论从学科发展还是社会需求来看，都需要有一本系统的土壤氮素方面的专著出现，这一艰巨任务自然落在了朱兆良的肩上。

组织编写国内第一本土壤氮素专著

学科发展需要

我国对土壤氮素进行研究最早记录是 1938 年李庆逵发表的"中国各主要土类固定硫酸铵的程度"，其后是黄东迈于 1954 年发表的"水稻生长期间土壤中铵态氮素及亚铁的变化"[1]和 1957 年发表的"水稻田干耕及湿耕对于土壤中氮素转化及水稻产量的影响"[2]。但对土壤氮素进行系统研究还是从 1961 年开始的，到八十年代我国土壤氮素研究在各个方面都取得了不少研究成果。

1981 年，我国化肥用量在总肥料中所占比重首次突破 50%[3]，到八十年代中期化肥用量达到 1775.80 万吨，已占当时世界总用量的 20%。化肥的大量使用一方面增加粮食产量，另一方面给环境带来压力，也给氮素研究带来新的问题。因此为满足学科发展的需要，也为了更好解决农业生产中出现的新问题，有必要对已有研究成果进行总结，规划以后研究方向。国内相关研究人员也需要一本全面、系统、深入的有关土壤氮素研究的专著。1984 年，农业出版社来信向朱兆良约稿，请他编写氮的农业化学专著：

> 你对氮素在土壤中转化、作物营养、肥料的利用吸收等方面做了大量工作，并积累了很多资料。目前国内在这方面还没有一本系统的

---

[1] 黄东迈、李锡泾：水稻生长期间土壤中铵态氮素及亚铁的变化。《土壤学报》，1955 年，第 2 期，第 83–89 页。

[2] 黄东迈、张柏森：水稻田干耕及湿耕对于土壤中氮素转化及水稻产量的影响。《土壤学报》，1957 年第 3 期，第 223–232 页。

[3] 李庆逵、朱兆良、于天仁：《中国农业持续发展中的肥料问题》。江西科学技术出版社，1998 年，第 13 页。

著作，我们特函请你编写氮的农业化学专著。读者对象是农业科技人员和农业院校师生。①

为了综合国内多年研究成果，将这部书写成国内最优秀、最权威、最有参考价值的土壤氮素方面的专著，朱兆良为慎重起见，特别邀请在国内具有实践经验多方面专家一起来撰写。朱兆良从1986年开始组织编写，"最初确定书名时在'土壤氮素'与'中国土壤氮素'之间摇摆不定。最后陈家坊建议定为中国土壤氮素，我们是以中国土壤氮素研究领域的成果为基础，参照国外的一些研究成果完成此书的。因此，以中国土壤氮素命名比较恰当"。朱兆良在谈到该书的出版时说："江苏科技出版社对该书的出版起到积极推动作用，是利用江苏省金陵科技著作出版基金补助出版的，②我们没出多少出版费，真的感谢他们。"《中国土壤氮素》是首批获得金陵科技著作出版基金补助出版的著作，由此可以看出该书的质量了。

朱兆良能组织编写我国第一本土壤氮素研究领域的专著，与他在本领域研究的积累以及取得的成绩是分不开的。在这之前，他参与《中国土壤》一书的编写，完成其中土壤氮素一章，为了写好该章内容，他还向中国科学院相关单位的同志寻找资料和征求意见，如彭琳写给他的信中提到："初步整理了黄土区N、C资料，现寄给你。关于土壤氮素这一章，我的意见是加强生产性，就是如何改善土壤氮素状况，应能反映当前我国农业生产水平"。③

朱兆良还主编过《我国土壤氮素研究工作的现状与展望》一书，该书为全国土壤氮素工作会议的论文集，当时提交了三十二篇论文，最后由朱兆良和各位评委共同选定二十二篇。可以说，《中国土壤氮素》的编写，是对我国已有研究工作的总结，也是为了促进学科发展而做的一件继往开来的工作。

---

① 农业出版社农业增产措施编辑室给朱兆良的信，1984年1月19日。资料存于采集工程数据库。

② 江苏省金陵科技著作出版基金1990年正式建立。用作支持自然科学范围内的符合条件的优秀科技著作的出版补助。

③ 彭琳写给朱兆良的信，1975年12月22日。资料存于采集工程数据库。

主要编写人员

参与《中国土壤氮素》一书编写的人员有朱兆良、文启孝、邢光熹、曹亚澄、孙国庆、程励励、陈家坊、李良谟、蔡贵信、刘芷宇、姚慧琴、孙国庆、马立珊，他们都是土壤所不同科室的工作人员，都是在土壤氮素研究某一方面卓有成绩的专家。

文启孝，1927年1月出生于四川省万县，1950年毕业于南京大学农学院农业化学系，同年分配到中央地质调查所土壤研究室工作。五十年代初期，文启孝曾先后在马溶之、朱显谟和熊毅等教授的指导下，参加黄土高原土壤调查，以及筹建武功黄土试验站和田间试验工作。在短短的几年时间里，文启孝不仅从他们那里学习到广博的地学知识和治学方法，还受到了前辈土壤学家们严谨学风的熏陶，获益匪浅。他开创了国内土壤有机质的研究工作，并把水稻土和红壤作为土壤有机质研究的两个重点。在大量研究基础上，主持编写中国首部《土壤有机质研究法》；他还对沤田土壤的改良利用和高产土壤的培育进行了深入的研究[1]。

刘芷宇，1929年出生于上海市。1949年考取北京大学生物系，1953年大学毕业后留校担任生物系植物生理研究室秘书，在曹宗巽教授指导下进行"有机物质在维管束中运输机制"的研究。1957年调至中国科学院土壤研究所工作，初期曾从事过植物氧化还原特征的研究，参加了《渍水土壤化学与水稻生长的关系》一书的翻译。刘芷宇一生致力于水稻营养特性与施肥原则的研究，在对土壤养分状况与水稻器官协调生长的论述上有不少创见。上世纪八十年代以后，在我国首先系统地开创了根际营养环境的研究，总结和建立了根际研究的测试技术，推动土壤—植物生理—微生物研究工作的开展，她在丰富我国土壤植物营养学科的基础理论和新的研究内容方面作出了贡献。[2]

邢光熹，1933年10月25日出生于江苏省高淳县，1957年毕业于南京

---

[1] 中国科学技术协会编：《中国科学技术专家传略农学编·土壤卷2》。中国科学技术出版社，1999年，第271-277页。

[2] 中国科学技术协会编：《中国科学技术专家传略农学编·土壤卷2》。中国科学技术出版社，1999年，第334-340页。

图7-8《中国土壤氮素》封面

农学院农业化学系。毕业后被分配到中国科学院综合考察委员会土壤考察队，1962年原单位与南京土壤所合并。邢光熹的研究工作涉及土壤微量元素和土壤氮素两个研究领域，他系统研究了稻田温室气体氧化亚氮排放规律和氮循环与环境问题，提出编制国家氧化亚氮排放清单时稻田和旱地不能用同一换算因子的见解。邢光熹首次发现了银、钽、钌和铱在中国不同土壤带剖面表层富集，为工业排放到大气的微量重金属元素已广泛降到地表提供了直接证据。他负责筹建"中国科学院土壤圈物质循环开放研究实验室"，该实验室于2003年晋升为"土壤与农业可持续发展国家重点实验室"；创办英文版的土壤学学术刊物 Pedosphere 并于1991年正式出版，向国内外发行[①]。

其他编写人员亦都是某一方面专家，在朱兆良与文启孝两位专家主持下，保证了该书的质量。

社会影响

《中国土壤氮素》一书系统地总结了我国土壤氮素研究领域中多年积累的大量资料，较充分反映了我国在这一领域长达半个世纪的研究成果。该书的写作思路从氮素本质开始，到土壤氮素与环境的交换，以及土壤氮素田间管理等内容，全书共分四编十四章。

第一篇主要解析了土壤氮素的含量、形态和 ^{15}N 丰度，是关于氮的最

---

① 中国科学技术协会编：《中国科学技术专家传略农学编·土壤卷3》。中国科学技术出版社，2013年，第290-299页。

基本的内容,也是开展后续研究的基础,包括土壤氮素含量和形态、土壤 ^{15}N 自然丰度和变异。第二篇主要对土壤氮素的内循环及相联过程探讨,从第三章到第六章具体包括土壤氮素的矿化和土壤氮素有效性指标的评价、铵态氮的固定和释放、铵的吸收和扩散以及硝化作用。第三篇主要对固氮作用和氮素损失进行探讨。第四篇主要对氮素管理与农业生产及人类健康进行系统探讨。具体包括根际土壤的氮素状况、农田生态系统中化肥氮的去向和氮素管理、有机肥料氮的转化以及有机—化学氮肥的综合管理、农田氮素管理与环境质量和作物品质、我国农业生态系统中氮素的循环和平衡。其中关于有机肥料氮的转化以及有机—化学氮肥的综合管理部分的内容由于当时的工作做得比较少,资料不多,阐述不是特别充分,也没有展开论述,这是受当时条件所限。

《中国土壤氮素》出版之前,在国际上曾于1965年和1982年分别出版过两本内容较广的土壤氮素专著[1],但都是由美国土壤学会牵头,不同国家的学者分章撰写完成。《中国土壤氮素》是由我国学者独立完成的,出版后获得了国内同行的高度评价:"本书是作者朱兆良和文启孝以自身长期研究积累为基础,总结我国1938—1989年的研究成果和论文,结合国外的研究进展(共引用国内作者文献504篇次,国外文献463篇次,合计976篇次),对我国农业生态系统中的氮素问题进行了系统而全面的理论分析和研讨。到1990年为止,国内尚未有系统而全面地论述我国土壤氮素问题的著作。本书的出版填补了这一空白。这种以一国的研究成果为主撰写成的专著,在国际上尚属仅见。"[2]

在中文版刊出后,朱兆良又组织人员将该书翻译成英文,并请澳大利

---

[1] 1965年,《农学丛书》发行了第十卷《土壤氮素》,由巴塞洛缪(W. V. Bartholomew)及克拉克(F. E. C1ark)主编。史蒂文森(Frank J. Stevenson)主编的《农业土壤中的氮》一书,是美国《农学丛书》第二十二卷,于1982年出版。由美国农学会作物学会和土壤学会联合发行。American Society of Agronomy、W. V. Bartholomew、F. E. Clarkeds:*Soil Nitrogen*,1965;F. J. Stevenson、American Society of Agronomy、Crop Science Society of America、Soil Science Society of America:*Nitrogen in Agricultural Soils*,1982. 闵九康等译:《农业土壤中的氮》。科学出版社,1989年。

[2] 《中国土壤氮素》申报2000年度中国科学院自然科学奖的申请书。资料存于采集工程数据库。

亚朋友 John Freney 帮助润色和校对英文稿件，最后由荷兰的 Kluwer 科学出版公司出版。

英文版出版后在国际土壤氮素研究领域亦引起较大反响，国际土壤学会会刊于 1997 年第 2 期对本书做了介绍："中国的土壤氮素研究始于 1930 年代，但是只在最近三十年中才取得了迅速的发展。取得大的进展研究有：不同形态的缓释性碳酸氢铵，碳酸氢铵粒肥深施，稻田中氮肥的损失，稻田土壤的供氮能力，适宜施氮量的推荐，硝化作用、反硝化作用和农田生态系统中氮素的损失，以及生物固氮作用。——本书由中国科学院土壤研究所的土壤学家撰写，对中国以外的土壤学家也会感兴趣的。"[①] 另外国际土壤肥料文摘刊物英国出版的 *Soils and Fertilizers* 于 1998 年第 1 卷第 7 期上刊出了本书及其各章内容的摘要，其摘录号分别为：6932、6988、7055、7056、7057、7060、7064、7065、7307、7323、7338、7499、7539、7899。

《中国土壤氮素》出版后多次被国内外学者引用，成为从事土壤氮素研究工作人员的必读书之一和重要参考资料。在采集过程中，土壤所的一位老师说："现在这本书都绝版了，没有办法，为查阅方便我还复印一本中文版本的。至于英文版本的，我每次都是向朱院士借。这本书确实是土壤氮素研究领域中的经典。"[②] 我们采集小组工作人员翻阅了"氮素循环与农业和环境"会议论文集，这本论文集是 2002 年出版的，共包含 38 篇论文，而《中国土壤氮素》被引用了 14 次。

以下是《中国土壤氮素》在申报中国科学院自然科学奖时，李振声院士作为鉴定委员会主任写的鉴定意见：

> 氮素居植物三大营养元素之首。农田土壤普遍缺氮，我国是世界上氮肥施用量最多的一个国家。合理的土壤氮素管理，不仅对农业发展，而且对环境保护都具有重大的影响。

---

① 《中国土壤氮素》申报 2000 年度中国科学院自然科学奖的申请书。资料存于采集工程数据库。

② 颜晓元访谈，2014 年 10 月 29 日，南京。资料藏于馆藏基地。

《中国土壤氮素》专著由我国著名土壤氮素研究专家、中国科学院南京土壤所朱兆良院士和文启孝研究员主编,于1992年由江苏科技出版社出版,其英译本于1997年由国际著名出版社、荷兰的Kluwer Academic Publishers: Dordrecht/Boston/London出版,受到国内外同行的关注和好评,并被广泛引用。

该专著瞄准土壤氮素的国际研究前沿和热点问题,系统地总结了我国自1938年至1989年半个世纪以来在土壤氮素研究方面所积累的大量文献和未刊资料,结合国际上的研究结果(涉及国外文献近1000篇),对土壤氮素研究的主要理论和实践问题进行了深入的研讨,达到了国际先进水平。书中的论述涵盖了土壤氮素研究的各主要领域:土壤氮素的化学、物理化学、生物化学和生物学特性;在论述氮素的农业和环境问题中,紧密结合了我国土壤的特点和农业生产的实际,而且,资料丰富、分析透彻、有独到的见解,对我国农业生产的发展具有重要的指导作用。

在国际上曾于1965和1982年分别出版过两本内容较广的土壤氮素专著,但都是由美国土壤学会牵头不同国家的学者分章撰写的。以本国研究成果为主撰写的这种专著迄今为止,只有《中国土壤氮素》这一本。

综上所述,该书是一本研究资料丰富、理论体系完整、紧密结合生产实际、被国内外同行专家公认的权威性专著。建议授予中国科学院自然科学一等奖。

鉴定委员会主任李振声
1999年12月10日

该书荣获1992年度华东地区科技出版社优秀科技图书二等奖,2000年中国科学院自然科学二等奖。

编写科普书籍

朱兆良不仅组织撰写学术专著,对一些科普性的书籍也积极参与。他和邢光熹研究员为院士科普书系农家书屋精选并编写了《氮循环攸关农业生产、环境保护与人类健康》一书。本书第一版是在2000年出版，2010年经过修订再次出版。

党的"十五大"把树立科学精神、掌握科学方法、普及科技知识作为实施科教兴国战略和社会主义文化建设的一项重要任务，提到了全党、全国人民和全体科学工作者的面前。《院士科普书系》就是在这样的背景下诞生的，它的定位是结合当代学科前沿和我国经济建设与社会发展的热点问题，普及科技知识、科学方法。科学性、知识性、实用性和趣味性是编写的总要求。这对于习惯撰写学术论文的朱兆良和邢光熹来说是一个新课题，让他们把学术性很强的氮素专业知识写成生动有趣、有文采的科普读物，于科技知识中融入人文教育，是一件极具挑战的事情。两人不畏艰难，在一起商量如何表述才能达到编写小组的要求，这其中的辛苦只有他们自己知道。这本书完全是他们自己一个字一个字、一句话一句话在键盘上打出来的，几经修改终于出版，让他们欣慰的是竟然还有第二版。

其主要内容包括：氮、自然界的圈层与氮循环、氮在自然界怎样循环——氮的转化和迁移、自然界氮的地球化学分配和大气—陆地—海洋氮的交换、人为活动对自然界氮循环和环境的影响和我们能做什么等。告诉读者氮的一般特性和氮肥进入农田后去向以及可以带给人类有益和有害部分。由于是科普读物，除把一些氨挥发、硝化反硝化等科学知识浅显易懂地介绍给读者外，书中图文并茂把百姓经常听到的词汇如酸雨、温室效益一一进行阐述。最后还告诉读者通过植树造林，保护植被；管好用好常规能源，开发利用新能源；采用科学施肥的方法等可以减低氮带来的危害，达到保护我们的家园，保护我们的环境的目的。

第八章
当选院士与学术传承

在六十多年的工作中,朱兆良获得了很多荣誉,在国际上也具有一定的学术地位,但对他来说最重要的莫过于1993年获得陈嘉庚农业科学奖以及当选中国科学院院士。荣誉的获得离不开努力的工作,对于研究人员来说更离不开自己多年形成的学术风格。

荣获陈嘉庚农业科学奖

1993年,在李庆逵和浙江农业大学校长朱祖祥[①]两位院士的推荐下,经过陈嘉庚基金会的评选,朱兆良荣获陈嘉庚农业科学奖。之前,陈嘉庚农业科学奖在之前是授给项目的。1993年进行改革,改为授给个人。当年

[①] 朱祖祥(1916-1996),浙江人,著名土壤学家,农业教育家,中国科学院院士。他为创建、发展浙江大学土壤农业化学系、环境保护系和中国水稻研究所,作出了创业性和开拓性贡献。在学术方面他根据土壤化学和物理化学过程的研究,通过对燕麦、桃树的栽培试验,结合黏粒矿物类型,进行了土壤胶体对离子吸附能和交换性阳离子及其相对含量,以及植物从土壤中吸取营养元素状况等方面的测定,系统地证实了土壤胶体上的离子饱和度,以及胶体上与植物营养离子共存的其他吸附离子的状况,同土壤养分有效度相关。

朱兆良与石元春①一起获得农学奖，同年获得陈嘉庚奖的还有吴文俊、吴孟超、黄汲清、唐敖庆、郑哲敏等人。

陈嘉庚科学奖以著名爱国侨胞陈嘉庚先生的名字命名，是对我国科教事业发展作出杰出贡献人士的奖励，它的前身是1988年设立的陈嘉庚奖。2003年2月，经国务院同意，中国科学院和中国银行共同出资成立陈嘉庚科学奖基金会，设立陈嘉庚科学奖，主要是奖励在所设奖项（数理科学奖（包括数学、物理学、力学、天文学）、化学科学奖、生命科学奖（包括生物学、医学、农学）、地球科学奖、信息技术科学奖和技术科学奖）的相应学科领域内作出重大原创性科学技术成果的科学家。该奖只接受专家（教授、研究员）推荐，不受理个人申请，要求各评奖委员会委员由设奖相关学科领域的11—13名专家担任，设主任、副主任各一人。陈嘉庚科学奖每两年评选一次，每个奖项每次评选一项，获奖人数一般为一人，最多不超过三人。到2016年已组织了14次评奖、颁奖工作，共有87位优秀科学家获此殊荣，荣获国家最高科学技术奖的吴文俊、王选、黄昆、刘东生、吴孟超、叶笃正和李振声等都曾先后获得过陈嘉庚奖。陈嘉庚奖已在我国科技界和海内外产生了崇高的声誉和广泛的影响，对促进我国科学技术的创新与发展起到了很好的激励

图8-1 朱兆良获得陈嘉庚农业科学奖
（朱兆良提供）

---

① 石元春，1931年2月10日生，湖北武汉市人。中国农业大学教授，1987-1995年任北京农业大学校长，我国著名土壤学家，1991年被选为中国科学院院士，1994年被选为中国工程院院士，1995年被选为第三世界科学院院士。他长期从事土壤地理和盐渍土发生与改良方面的工作。在土壤形成的地学条件、干旱、半干旱和半湿润地区易溶盐积聚规律和古地球化学过程、我国黄土高原更新世古土壤及其分类、地理和时空上的发展演替系列等方面，均取得了重要成果。

与推动作用。[①]

朱兆良在李庆逵和朱祖祥的推荐下，获得了1993年度的陈嘉庚农业科学奖，当时是和石元春一起获得，所以他们也一起分享了基金会所颁发的奖金。朱兆良说："奖金是小事情，主要是一份荣誉。"

图8-2 朱兆良在人民大会堂参加陈嘉庚奖颁奖大会
（1994年，朱兆良提供）

当选中国科学院院士

1993年对朱兆良来说是丰收的一年，也是学术界对自己工作极大认可的一年。他不仅获得陈嘉庚农业科学奖，还在这一年当选中国科学院生物学部的学部委员（1994年改为院士）。

朱兆良对自己评选为院士没说什么，只是说当时是在单位里一级一级推荐，然后由土壤所报到中国科学院去参加评选，最后就被选上了。朱兆良现在聊起来很轻松，其实当选院士与他的为人处世和努力工作以及家人的支持是分不开的。

在单位里一级一级的评选，直到最终所里把名单确定下来送到院里，对于一个普通工作人员来说是不易的。在评院士之前，他只是土壤所一名普通的科研人员，最大的职位是担任过土壤所氮组组长，因此他评院士凭的是学术上自己拿得出手的研究成果。我们查阅了一下，到1992年朱兆良已经发表或提交的国际会议的英文论文二十篇、中文论文四十九篇，参

---

① 陈嘉庚科学奖基金会。http://www.tsaf.ac.cn。

图 8-3　朱兆良在北京出席院士大会（2012 年，朱兆良提供）

与编写专著五本，其中主编一本，还有科学院的技术进步一等奖和两个国家科技进步二等奖。这些数字说明了朱兆良在氮素研究方面所付出的努力，同时也代表他所取得的成就。当选院士是对朱兆良学术成绩的肯定，是对他工作作风、为人师表、与人为善的处世原则的嘉奖。女儿朱竞说："他以前还被称为书呆子，整天就是上班和出差。家里都是我妈妈在操持着，他根本就顾不上家。"①

朱兆良之所以取得如此大的成就，除了他紧跟国家人民的需要不懈努力工作之外，还与上一辈老科学家无私培养分不开的。学术的发展，离不开一代一代研究人员的努力工作，以及学术上的传帮带，朱兆良所经历的无不说明这一情况。

学术思想的传承

良师益友李庆逵

李庆逵，是我国著名的土壤—植物营养化学家，也是我国现代土壤科学的奠基人之一。他主要从事植物营养和施肥，红壤基本性质、发生分类及利用研究，为我国现代土壤学的发展奠定了基础。他在学术上最突出的

---

① 朱竞访谈，2014 年 10 月 20 日，南京。资料存于采集工程数据库。

贡献是，率先全面地研究并系统阐述了土壤中磷钾元素的含量、分布、状态和转化规律，研究这些元素的施肥效应，从而为发展我国的肥料工业，提高作物的产量提供了重要科学依据。自1956—1987年，一直担任中国土壤学会理事长，长期领导我国土壤学会工作。李庆逵重视团结会员，推进我国土壤事业的发展。在主持学会工作期间，他博采众长、发扬民主、谦虚谨慎、尊重他人劳动，坚持学会应以学术活动为主，讲究学术质量，特别是注意将国民经济建设中的重大问题列为学会学术活动重要内容。例如，为解决中国森林土壤中的重要问题，曾主动与林业学会联系，组织两个学会共同讨论，便于问题的解决；在1956年全国第二次土壤学会代表大会上，他又组织全体代表对全国土壤普查、土壤肥料、人才培养、科研机构布局、加强基础研究、改进学会工作等方面开展讨论，提出了三百二十多条提案和建议；1980年在全国土壤农业化学会议上，他提出改善我国化肥生产和建立科学施肥制度等方面的建议。

为了提高我国土壤学会的国际地位，李庆逵很重视学会在国际间的交往，他率领中国土壤学会代表团参加一系列国际土壤学会会议，在1979年国际土壤学会接纳中国土壤学会为团体会员，并成为该学会理事国成员的过程中，他积极努力，起到重要作用。除了走出国门外，他还积极筹备并主持在中国召开一些国际会议，如"国际水稻土讨论会""国际红壤学术讨论会"以及"国际旱地土壤管理和施肥讨论会"等重要国际会议，从而使我国土壤学会的声誉不断提高，给学会和整个土壤事业的发展创造了极为有利的条件。[①]

在前文中，曾简略介绍李庆逵对朱兆良的影响，在这里我们进一步叙述朱兆良与李庆逵之间的这种师生、朋友和领导与下属之间的关系。

李庆逵和朱兆良都是浙江人，大学期间都是学化学的。可能是由于这种地域上的亲近和相同的专业，或者其他原因，使得李庆逵非常乐意帮助提挈这位年轻后辈。

李庆逵比朱兆良整整年长二十岁，朱兆良刚到土壤所时，他已经是农

[①] 中国科学院南京土壤研究所：《李庆逵与我国土壤科学的发展——庆贺李庆逵教授从事土壤科学工作六十周年论文集》。江苏科学技术出版社，1992年，第1-2页。

图8-4 在土壤所图书馆（1995年。左一李庆逵，左二朱兆良。朱兆良提供）

化室的主任了。李庆逵1932年大学毕业后，在翁文灏的引荐下进入中央地质调查所土壤研究室工作。① 朱兆良大学毕业后就直接进土壤所工作，他们都面临所学与工作的内容不匹配境况。不知李庆逵当时是如何调试自己的，当他见到朱兆良时，已经回国五年了。由于有海外留学的经验，他对国外土壤学界同行的专业背景都有所了解，对朱兆良说："在国际上做得比较好的土壤学家，很多是学化学出身的。学化学的搞化学不一定比搞土壤更能发挥特长。"这无疑在精神上给了朱兆良很大信心。除精神上的安慰、鼓励，为满足工作的需要，李庆逵还给朱兆良等刚毕业进入土壤所的青年人进行补学《矿物学》和《统计学》等课程。

1957年，朱兆良在《科学通报》上发表"中国土壤中的氟及氯"一文，文中明确表示他的研究工作得到了李庆逵和刘铮同志的帮助。今天我们和朱兆良谈论这件事情时，他谦虚地说："文章能在《科学通报》上发表全靠李庆逵的推荐。当时他已经是学部委员了，说话还是有分量的。"同时李庆逵尊重朱兆良的劳动，论文中没有署他的名，这一行为深深影响着朱兆良。后来朱兆良在指导学生时，也非常注意对学生的推荐和尊重他们的劳动。这说明朱兆良的科研能力在那时就已经得到了李庆逵的赏识，并且也乐意做这匹千里马的伯乐。因为论文的发表不单是推荐和帮助就可以发表的，更重要的论文的质量要值得帮助和推荐。朱兆良另一篇在《科学通报》上发表的文章是"稻田中 ^{15}N 标记硫酸铵的氮素平衡的研究初报"。

---

① 中央地质调查所土壤研究室于1953年组建为中国科学院土壤研究所，现在更名为中国科学院南京土壤研究所。

朱兆良说也是得到李庆逵推荐，还有就是这篇文章的研究方法是得到李庆逵的指点的。师傅让徒弟自己在科研领域去浮沉，但不把拴着他们的绳子放得太长以免淹死，而且在衡量学生们的科学潜力时，注意观察在让他们独立工作时"浮力"如何。[①] 李庆逵在这方面拿捏非常适中，他放手让朱兆良自己去工作，但在关键时刻他总是拽一下绳子，让其能够充分发挥其潜力。

　　李庆逵在"文化大革命"之前就告诉朱兆良，一定要利用同位素进行氮素研究。"文化大革命"爆发后，朱兆良被下放到农村，研究被迫中断。1973年，朱兆良从泗阳返回到土壤所氮组工作，李庆逵再次提出要用同位素示踪进行土壤氮素研究。师傅领进门，修行在个人。朱兆良在李庆逵的指点下，于1974年在无锡东亭的前季稻进行试验，最终得出水稻对返青后施用的 ^{15}N 标记硫酸铵的利用率为43%左右，残留在表层土壤中的为20%左右，下层约在2%以下，氮素损失为35%左右，并提出在提到氮肥增产效果的研究中，减少氮素反硝化损失，提高氮肥利用率，是需要考虑的重要方面。

　　另外，在朱兆良发表的"土壤氮素供应状况""土壤中氮素转化"等论文中都提到获得李庆逵的审阅和修改。这说明朱兆良在撰写科学论文方面得到李庆逵非常多的指导和帮助。

　　李庆逵帮助朱兆良修改论文，还帮助他确立了研究方向。为促进学科发展，土壤所于1961年进行改革，在农化室下设立七个学科组，氮组是其中之一。作为农化室的主任，李庆逵任命朱兆良为氮组的组长，从那以后朱兆良一直以土壤氮素研究为主。到现在，朱兆良也不知道为什么李庆逵让他搞氮素研究，他对李庆逵安排也没有什么异议，安排啥就做啥了。

　　此外，李庆逵还给他提供出国交流机会。李庆逵从科学院获得1979年11月将在泰国清迈召开"东南亚湿润季风区生态系统中氮素循环"学术会议的消息，他立即推荐朱兆良参加这次学术会议。虽是第二次出国，但是这次是自己一人，这对于一个只拥有副研究员职称的人来说是一件非

[①] 哈里特·朱克曼：《科学界的精英——美国的诺贝尔奖金获得者》，商务印书馆，1979年，第190页。

常重要的事情，也充分证明了李庆逵对朱兆良研究水平和研究能力的肯定。开会之前，澳大利亚土壤学教授 John McGarity 到土壤所进行交流。李庆逵就安排朱兆良全程陪同，一方面是为陪同来访学者，更主要的是提供机会让朱兆良练习口语。在清迈会议上朱兆良做了题为"中国江苏苏州稻田中氮素循环和氮肥去向"（"Nitrogen cycling and the fate of fertilizer nitrogen in rice fields of the Suchow District, Jiangsu Province, China"）的报告。该报告首次向国际土壤氮素研究的专家学者展示了中国土壤氮素研究的水平和实力，引起国外参会人员的重视。借此机会朱兆良在大会上也认识不少国外专家学者，如国际水稻所业务所长 D. J. Greenland、澳大利亚 CSIRO 的 R. Wetselaar 和 J. R. Freney，这几位专家为后来朱兆良参加国际水稻所的会议以及中国与澳大利亚在氮素研究方面的合作给予很大帮助。

图 8-5 朱兆良（左一）接待澳大利亚土壤学教授 John McGarity（左二）（1979 年，朱兆良提供）

李庆逵的推荐、帮助让朱兆良获益匪浅，朱兆良后来也不断地向外推荐自己的学生，让他们也拥有良好的发展平台。

朱兆良没有博士学习过程，李庆逵对他的指导犹如一个导师在指导自己的学生，可以说朱兆良是李庆逵的编外学生。李庆逵对朱兆良的帮助长达四十年。1993年，朱兆良获得陈嘉庚农业科学奖时，当时李庆逵邀请浙江农业大学的朱祖祥担任朱兆良的推荐人。一个人事业的发展一方面需要个人的努力，还需要机遇和伯乐的提携帮助，李庆逵就是朱兆良的伯乐。李庆逵的提携完全是从工作发展需要，是真正为了同事发展，而不是为了其他私人利益。在李庆逵的影响下，朱兆良成名成家后，在提携晚辈方面也是不遗余力的。他为青年学生写推荐信，帮助他们出国深造。他说："能帮一把就帮一把，学成回国也是一件好事。"他还和一些中青年植物营养学者一起申报课题,一起探讨科研工作。

严师出高徒

1982年,当时南京土壤研究所农化室只有李庆逵有资格带研究生,陈德立是朱兆良以李庆逵的名义招收的第一位研究生,今天陈德立和朱兆良的关系由师生发展为了朋友。陈德立说:"我不一定每年都能和我妈一起吃顿饭,但是我一定想办法每年都和朱先生一起吃顿饭,每次和他交流都能从他这里收获很多。"[①]

从带陈德立开始,朱兆良一共培养了两名硕士、十五名博士。他们分别是陈德立、王贤忠、李新慧、范晓辉、倪吾钟、颜晓元、庄舜尧、熊正琴、王连峰、查红光、董晓英、谢迎新、田玉华、赵旭、闵炬、孙晓、宋歌。

由于朱兆良一直都是在土壤所工作,也就不存在上课的问题,他对学生的指导主要是通过指导论文体现的。他说:"我帮助他们修改论文,不是提前修改好了然后再给他们,我是把学生叫过来,一起看论文,一起修改,这个过程就让学生知道为什么这样修改了,而不是简单地仅仅知道一个结果。"[②]他的学生也说,别的同学见老师会害怕,怕被老师批评,他们见朱先生,从来不会被骂,即使有时他们做的离他的期望很远,听到的也是告诉他们下一步如何做、如何突破瓶颈等。谢迎新说:"遇到一些疑惑不解的问题去和朱先生交流时,他总会循循诱导,像拉家常一样给予帮助和解答。每次与朱先生请教问题总会有一种接收洗礼的感觉,去时心中忐忑,离时如沐春风。"[③]朱兆良很少批评学生,他总是用宽容的态度让学生成长。

---

① 陈德立访谈,2014年10月28日,南京。资料存于采集工程数据库。
② 朱兆良访谈,2014年9月25日,南京。资料存于采集工程数据库。
③ 谢迎新访谈,2015年3月21日,网络访谈。资料存于采集工程数据库。

朱兆良指导学生另外一个特点是支持他们，让他们放手去干。陈德立说："一次我做一个实验，需要一个器材，经过自己多方打听，需要到位于四川的厂家才能买到。跟朱先生一说这事，朱先生就同意我跑一趟，把仪器的事情搞定。"这让陈德立感觉朱兆良在支持学生方面真的是全心全意的，只要试验需要，他就支持。朱兆良对学生的支持还包括对学生劳动成果的尊重甚至是牺牲自己的劳动成果，他曾把与陈德立合写的一篇文章摘要翻译出来，并把陈德立的名字署在第一位，然后让陈德立带给澳大利亚的专家看。那位专家看了后，非常肯定陈德立的研究成果，并且建议他报考自己的博士研究生。陈德立说："朱先生的这一行为，让我能够获得墨尔本大学的全额奖学金读博士，我真的很感谢他。"[1]

图 8-6 朱兆良在办公室查阅资料（朱兆良提供）

朱兆良对学生的支持是无条件的，对他们的要求则是通过自己的行为体现出来的，他是学生眼中的数据库。在上世纪八十年代，收集资料的方法就是做文献卡片，朱兆良的文献卡片不仅包括土壤氮素方面，还包括化学、植物栽培等方面的，不仅有中文的，更有大量的外文文献，有问题需要资料都可以从朱老师那里找到答案。陈德立说："第一次到朱老师办公室，就看到一个清瘦的老头戴个眼镜，趴在桌子上，而他的桌子上全是卡片和书。"[2] 只要不出差，朱兆良每天都是准时出现在办公室，朱兆良通过自己的行为告诉学生应该怎样学习，怎样抓紧时间学习。

朱兆良的学生们说，只要有问题去请教朱老师，他都会很细心、认真、严谨地解答问题，有不能确定的一定会查资料，做到有一说一，不能肯定或者不了解的坚决不说。朱兆良的这种治学态度慢慢"传染"给他的

---

[1] 陈德立访谈，2014年10月28日，南京。资料存于采集工程数据库。
[2] 同[1]。

学生。如颜晓元说:"受朱先生的影响,我现在开会发言或者是做报告时,也都是有一说一,只讲自己十分肯定的事情,否则一个字都不讲。"① 朱兆良通过自己的身教,让学生掌握如何做试验、如何做学问。

朱兆良在指导学生方面,还表现在提供一切机会让他们展翅高飞。在陈德立读研究生期间就派他到澳大利亚参加中澳合作项目,陈德立说:"老师,如果这样,我就没有办法参加中科院的博士研究生入学考试了。"朱兆良却说:"你可以到澳大利亚读博士啊,为什么一定要在国内读博士?"他的一席话让陈德立感受到了老师对自己的关爱和支持,他也不负老师所望顺利考上墨尔本大学的博士。朱兆良的观点就是尽量把学生送出去,在送出去的过程中也会给予一定帮忙,如王贤忠最初去澳大利亚访学时的导师就是朱兆良的老朋友 John Freneny。

可以说朱兆良学生不论在国内还是国外除了自身努力外,作为朱兆良的学生一定程度上都是被别人认可的,大家会想,这是朱兆良培养的学生一定不会错的,学生为了不辜负老师名望也会很努力地工作。

桃李满天下

朱兆良培养的学生大部分都成为各单位学科带头人,陈德立、倪吾钟、颜晓元、尹斌、王连峰、熊正琴、赵旭、谢迎新等人就是其中的代表。

朱兆良的学生毕业后有的已经转变自己的研究方向,如王贤忠由研究土壤转为植物生态,更多的是传承老师的研究方向,同时随着学科发展、农业生产的需求以及研究技术的进步,不断拓展新的研究领域。

陈德立是朱兆良的第一位硕士研究生,墨尔本大学第一位华人教授,现为该大学土地及环境学院土壤与水资源部的学科带头人,是 Scientific Reports(Nature Group)、Nutrient Cycling in Agroecosystems、Agricultural

---

① 陈德立访谈,2014 年 10 月 29 日,南京。资料存于采集工程数据库。

图 8-7　朱兆良参观澳大利亚议会大厦（1988 年。左一朱兆良，左二陈德立。朱兆良提供）

and Biological Engineering、Chinese Journal of Agricultural Ecology 等刊物的编委。陈德立在朱兆良的指导下，完成题为"稻田土壤自然供氮能力的研究"的硕士论文。他的主要研究领域是植物—土壤系统中的水分和养分动态，在最优灌溉和施肥管理的 GIS 系统建模，农业生态系统的气候影响温室气体排放模型建立方面成绩显著，曾作为外方专家与朱兆良一起参与中国环境与发展国际合作委员会在 2003 年启动的"中国种植业的非点源污染控制对策研究"项目，陈德立继续老师的研究方向，在提高农田氮肥利用率方面继续深入研究。

倪吾钟，1994 年成为朱兆良的博士研究生，现为浙江大学教授、博士生导师，浙江省自然科学基金杰出青年团队项目获得者，作为主要完成人获浙江省教学成果一等奖两项、农业部科技进步二等奖一项、教育部（国家教育委员会）科技进步三等奖两项。其博士论文题目是"稻田土壤中硝化—反硝化作用氮素损失的示踪研究"，他与李新慧、范晓辉等人在朱兆良的指导下对土壤中硝化—反硝化进行系统研究，探索出盆栽试验中反硝化定量解析的方法，主要从事植物营养与环境胁迫诊断、新型肥料研制与养分综合管理、污染环境植物修复原理与技术、植物营养与食品安全等方面的研究工作。

颜晓元，1998 年毕业于中国科学院南京土壤研究所，获土壤学博士学位。1999—2006 年，他先后在日本国际农业研究中心和日本海洋研究开发机构全球变化前沿研究中心工作，2006 年入选中国科学院"引进海外杰出人才"，现任南京土壤研究所研究员、博士生导师、中科院常熟生态实验站站长。博士论文题目是"水田土壤氧化亚氮的排放"，他是继朱兆良和蔡祖冲之后国际氮素启动项（INI）专家组第三位中国籍成员。利用从老师那里学到的田间试验的方法从事关于氮的生物地球化学循环过程的研究，随着对环境的关注，他把研究扩展到整个温室气体的研究，用模型的方法，做流域尺度甚至全球尺度的模拟和估算。

尹斌，1995年5月进入中国科学院南京土壤研究所土壤圈物质循环开放研究实验室从事博士后研究工作，师从朱兆良，1997年5月出站并留所工作至今，现为土壤与农业可持续发展国家重点实验室固定研究员。在朱兆良指导下完成以"利用水面分子膜减少稻田氮肥损失与提高氮肥增产效果的研究"为题的博士后出站报告。他在农田土壤氮素转化、迁移与损失机理及其对环境的影响等基础性研究和提高稻田氮肥利用率的实用技术等应用性研究方面，已进行多年的研究工作。

熊正琴，1999年成为朱兆良的博士生，2008年1月作为留学引进人才被南京农业大学特聘为资源与环境科学学院土壤学（国家重点学科）教授，同时还是美国波特兰州立大学物理系兼职教授。在朱兆良的指导下完成题为"稻麦轮作农田中肥料氮去向的定量评价及环境后果"的博士论文，毕业后，始终围绕农田氮素循环与转化过程开展研究，集中在我国集约化高产条件下的氮素循环与转化。根据对水稻田氮循环的研究结果，将我国典型的集约化蔬菜生态系统作为新的研究对象，系统研究其氮素循环及净温室效应，探索相应的减缓措施；关注氮素大气沉降对面源污染的重要贡献，从氮素自然丰度及沉降观测方法更新研究结果。

王连峰，2000年考入中科院土壤研究所，师从朱兆良和蔡祖聪，2003年博士毕业。现为大连交通大学环境与化学工程学院院长、教授、博士生导师，是该校重点学科的学术带头人，辽宁省"百千万人才工程"千人层次，辽宁省普通高等学校优秀青年骨干教师，主要从事土壤环境化学与生物学的研究工作。其博士论文的题目是"水分前处理对土壤氧化亚氮排放的影响及其机理研究"，博士期间曾做过"水分动态变化对水旱轮作系统N_2O排放的影响"等研究工作。王连峰读博士期间追随老师研究氮素的转化过程对土壤氮肥利用率的影响，关注粮食生产的氮素肥力效应，现在除氮素肥力效应和氮素的环境效应外，更加关注的是研究氮素转化过程中氧化亚氮温室气体产生机理及排放量。

谢迎新，2003年8月开始在南京土壤研究所攻读博士学位，师从朱兆良院士和邢光熹研究员。现在是河南农业大学国家小麦工程技术研究中心/农学院副研究员。主要研究方向为"作物生理生态与高产栽培、农田作物营养调控"。其博士毕业论文题目是"人为影响下稻田生态系统环境来源氮解析",虽博士期间研究对象是水稻,但工作后由于在河南农业大学,研究方向是农田施肥管理与作物栽培生理生态,他在氮素营养调控方面与老师的研究一脉相承。

赵旭,2006年9月开始在南京土壤所攻读博士学位,师从朱兆良。毕业后,留在土壤所工作。现在是中国科学院常熟生态试验站的副站长。在朱兆良的指导下,完成"外源NH_4^+在热带亚热带地区酸性土壤的转化、迁移及其环境后果"的博士论文。他一直从事土壤氮素循环研究工作,近年来,主要围绕太湖平原稻麦体系氮素行为与污染控制,利用 ^{15}N 微区及田块试验,全面追踪氮素来源去向,评价氮肥去向和氮素收支的定量分配,阐明二十世纪八十年代至今化肥氮主导下的高产稻麦农田氮素收支及环境影响变化;以挥发氨、淋洗和径流氮、氧化亚氮等活性氮为研究对象,揭示稻麦季氮素主要损失途径的分异规律,基于新型肥料、轮作制度等方面建立土壤氮素供需匹配和损失控制新方法;以大数据分析和经济学评价为研究手段,探索太湖流域稻田农学和环境效应相协调的适宜氮肥用量确定方法及其易行推荐途径,以期为南方稻作区实现粮食安全、环境保护双赢目标的氮肥优化对策和技术提供基本依据。

朱兆良培养的学生走向工作岗位后,也陆续培养了自己的学生,这些学生在各自的科研工作中也渐露头角,取得不错的研究成果,成为研究领域的新生力量。

特点鲜明的学术风格

在自然科学研究中,人们并不特别注意每个研究人员的学术风格问题。事实上和艺术家一样,科学家的创造也具有个性,同样也表现出浓厚的个人风格,并且这种风格实际上也渗透到他们的科学创造和科学思想之中。对每一位科学家而言,科学思想和方法构成其独特的风格,贯穿于科学家科学实践的整个过程。科学风格是科学研究成熟的重要标志,没有科学风格的科学家不能称为一流的科学家。[①] 朱兆良在多年的研究生涯中,也形成了自己的科学风格,这主要表现在研究选题、研究目的和研究方法等方面。

严谨细致的工作作风

朱兆良严谨、细致的工作态度在单位是出了名的。邢光熹说:"朱先生是一个非常严谨、认真的人,他搞科研不图名利,是真正做学问的人。"[②] 在我们采集信息的过程中也观察到朱兆良是一位特别仔细、认真、严谨的人。现在发短信、邮件,写好后一定再仔细检查几遍,做到一字一句,标点符号都符合语法,然后才发送。对于一些回忆性的信息也是有一说一,记得就是记得,不记得就说不记得,对记得的事情还经常会把以前的笔记拿出来核对。对一些科研结论,更是会重新查阅已发表的文章,从不用"大概""可能"这样的字眼来应付了事。张绍林曾说:"对于一些试验误差大的数据,有的人可能就剔除了,但是朱先生会特别注意这些数据,他要搞明白是什么原因出现这个差错的,这一点我是很佩服他的。"朱兆良严谨的工作态度还表现在他参加会议时的报告上。朱兆良的报告课件都是自己一张一张做的,虽不是很美观,也没有什么动画,但内容准确无误,若是引用他人的研究成果,一定会标出来。报告的内容能用图表表示一定通过图表表示出来,而不是用文字说明。这样听报告的人看着图表,听他讲就非常清楚。

除了严谨细致之外,朱兆良还特别具有开放包容之心,他认为,"只有让人跳进水里才能学会游泳",因此他在指导学生时也采取放手的方式。他尽量发挥学生的主观能动性,让其自己解决问题。学生遇到困难,试验

---

① 李晏军:解读袁隆平的科学风格.《自然辩证法研究》,2010 年第 2 期,第 106-111 页。
② 邢光熹访谈,2014 年 11 月 27 日,南京。资料存于采集工程数据库。

开展不下去了，他再和你探讨。学生谢迎新说："只要遇到疑惑不解的问题去和朱先生交流时，他总会循循诱导，像拉家常一样给予帮助和解答。每次与朱先生请教问题总会有接收洗礼的感觉，去时心中忐忑，离时如沐春风。"朱兆良从没有批评过自己的学生，总是用自己的宽容，让学生成长。王贤忠说有一件小事情对他影响很大："记得有一次朱老师叫我测一下河南土壤里的水溶性氮素，用以研究农作物对氮肥的响应。当时封丘试验站虽有测氮的设备，但需要安装调试。我就把土样带回南京了，我向朱老师汇报这件事后，他说土样过了这么久，再测定就没有意义了。虽然他没有说其他的，而是采用宽容的心包容我的懒惰，但鞭策我在以后的工作中更严格地要求自己。他的这一做法，比当时骂我一顿都管用，起到了真正的教育作用。"

朱兆良不仅对学生放手，对自己的同事也采取相同的做法。张绍林说："和朱先生一起做试验，一般是他把基础打好，具体的工作他就让我们自己动手做。他从旁指导，促进后辈的成长。"

纵横博览和注重方法创新的研究风格

朱兆良深知，要想始终站在学科发展前沿、掌握学科发展的整体脉络，时刻捕捉迅疾发展的国内外学术信息是非常重要的。他从大学时期就养成到图书馆查阅资料的习惯，工作后更是利用点滴时间，去资料室查阅资料。由于有较好的外语功底，朱兆良能够阅读日语、俄语、德语、英语发表的学术文章，这让他及时掌握了大量国外关于土壤氮素研究的信息。为了让自己的研究成果能够更好地服务于农业生产，还不时涉猎有关化学、作物栽培学、土壤学、肥料学等学科相关知识以及学术动态。除尽量扩展自己的知识面外，还要求学生，同时提倡其他科研人员重视相关学科知识的积累，如他曾建议搞土壤的研究人员学点作物栽培方面的知识。

独乐乐不如众乐乐，在信息不发达的上世纪七八十年代，他首先把自己所掌握的国内外研究动态，特别是国外有关土壤氮素研究信息及时传递给国内同行，如"土壤中氮素的转化"是对有关当季作物的土壤氮素营养状况问题的综述性研究,"土壤中氮素转化研究的近况"和"土壤氮素转化研究中的几个问题"集中于土壤氮素转化相关内容的提炼,这些文章向读者展示了国内外同行在哪些方面进行研究,研究进展到什么程度;其次,让读者了解同行在用什么方法、试验材料和实验仪器进行研究;最后,读者可以顺着朱兆良所提供的参考文献继续深入阅读相关文章。

朱兆良还以国际学术成果为参照,结合中国实际,深入细化国内氮素研究,他在总结国外研究成果的同时,及时对国内氮素研究进行微观与宏观的总结,掌握学科发展的全局,例如他在"我国水稻生产中土壤和肥料氮素的研究"中从水稻土氮素循环过程的强度、氮素供应能力的保持、提高化学氮肥的利用率和稻谷生产效率以及生物固氮等方面进行系统归纳,给水稻生产建立合理的氮素管理制度提供理论依据。朱兆良除了对土壤氮素领域微观总结外,还及时对学科宏观发展历程进行梳理,《中国土壤氮素研究》囊括了我国在土壤氮素方面半个世纪的研究成果,包括土壤氮素的本性和氮素肥力的研究、有机肥料氮的研究、农田中化肥氮的去向和氮肥增产效果的研究、农田中化肥氮的损失对环境的影响、农业生态系统氮素平衡的研究这五个大的研究主题上,精准全面地介绍了我国土壤氮素研究在以上五个方面取得的成绩以及今后需要继续深入研究的方向。

始终站在国际学术前沿的朱兆良院士,却从不"挟洋自重"。他对所查阅的文献同米个是人云亦云地全盘拿来,而是批判地消化吸收,他利用一些文章的数据、结论和研究方法再结合中国实际情况注重方法创新开展自己的研究,这在他对水稻全生育期自生固氮量的测试、确定适宜施氮量推荐方法的研究等都有充分的体现。

朱兆良设计了在盆栽试验中建立了以 ^{15}N 标记土壤矿化铵的 ^{15}N 丰度做参比值测定水稻自生固氮量的方法,他所设计和使用的方法在当时国内外测定水稻全生育期自生固氮量的方法处于领先地位。他结合我国农村单块田地面积小、数量众多、轮作衔接紧、土壤测试条件弱的情况,经过多个试验点、多年的田间试验提出了"平均适宜施氮量"概念,既能满足农业生产的需要,还能达到氮肥的农学效益、经济效益和环境效益的统一,朱兆良还是我国第一位采用 ^{15}N 标记氮肥的田间微区试验技术,研究农田中氮肥的去向的学者。

谦虚谨慎的学习风格

我们查阅朱兆良发表的文章时，经常可以看到致谢的话语和试验过程谁参与工作、谁给出修改意见等。在"植物和土壤提取液中钙镁的微量快速分析法"中有"本工作在进行过程中，得到于天仁同志的帮助和指导，谨致谢忱"。在"中国土壤中的氟及氯"一文中，有"本工作承李庆逵及刘铮同志的帮助，谨致谢忱。本文中分析任务的具体操作由刘浦生、张庆乡同志担任"。"土壤氮素供应状况的研究 I——土壤碱解时氨的释放速率作为预测植稻土氮素供应状况的指标"一文中，有"本工作是中国科学院土壤研究所总结陈永康水稻千斤丰产经验工作的一部分。在工作中得到陈家坊、刘芷宇等同志的帮助，刘芷宇同志并提供了水稻叶片全氮含量的资料图"。"土壤中氮素的转化"有"本文原稿承李庆逵先生审阅；陈家坊、文启孝、阮妙增等同志提出修改意见，谨致谢忱"。在"陈永康水稻高产经验汇总看土施肥原则的分析"中说"参加工作的主要人员有汪祖强、彭千涛、尹楚良、徐银华、朱韵芬等"。朱兆良的这一做法是对参与工作的人员极大尊重，也让同事感觉到自己的劳动得到承认而不是被剥夺。朱兆良通过这种形式表示他对参与者的尊重。

朱兆良没有学过拼音，但他是土壤所第一批学习打字的人。朱兆良凭着对新事物包容和谦虚好学的精神，从学习各种打字、各种软件运用开始，逐渐让自己从适应纸质办公转到自动化办公时代。他认为自己的这种转化也会大大方便与他联系的学生和同事以及朋友，"如果不会打字、不会发邮件，在今天怎么和外界联系？我写完，让别人转化成电子版，然后我再校对，这太麻烦了。所以还是与时俱进，学习、掌握这些新鲜事物比较好，方便自己也方便他人。"学生熊正琴曾对我们说过："2004 年，筹备第三届国际氮素学术大会期间，朱兆良和其他工作人员一起将亚洲各地区及东亚各国的氮通量统计整理、计算成文时，在反复修改的过程中，最后也能运用 excel 有条不紊地完成海量的数据计算和分析。"那时他已经七十岁了，对于这一点，熊正琴只能竖起大拇指表示佩服，并感到自身的压力。今天朱兆良不仅收发邮件，在玩手机方面也不落伍，利用手机收发短信、发微信、上网等样样玩得转。

在学术上他也从没有停止过，对基础学科发展的新技术和理论也积极吸收，希望能够运用到自己的研究中。到2013年，他还自己独立撰写文章发表，2014与蔡祖冲、颜晓元合作发表文章，现在一些后辈申请课题请他参与论证会他从不拒绝。到他的办公室，向来是在翻阅最新的杂志，了解学术动态。所以他的学生陈德立曾说过："每次和朱老师交流，我总是收获很大，他的思想、观点一点都不过时，与他交流中也感觉不到他倚老卖老，是有真材实料的。所以只要有机会，我就会和老师交流。"

朱兆良对名利看得也很淡，他说自己从来没有想到会获得陈嘉庚农业科学奖和当选院士，自己所做的工作就是踏踏实实为国家建设贡献自己的一份力量。他在一些单位设立了院士工作站，外单位请他到院士工作站指导工作，向来是会议结束就返程。他坚持"客不走，主不安"的原则，事情结束后马上离开，否则就给对方添麻烦了。

朱兆良对物质上的要求也很低，他的学生熊正琴提供的资料，有助于我们进一步了解朱兆良的淡泊名利：

> 由于"文化大革命"的影响，四十六岁才开始真正专心做科研，从研究小组组长开始，并没有一心为着"院士"去奋斗，直到踏踏实实地在氮素循环研究领域做出突出的研究成果，顺其自然地就在六十一岁时当选为院士。作为院士、江苏省政协副主席、江苏省农工党主委等，他具有很多贵宾头衔，但是从不炫耀。他更多思考的是，如何把自己所掌握的知识为国家建设服务，将自己长期研究所获得的科研成果转化成参政议政的重要内容；他从不挑剔食物，也教导我们不管当什么，还是只吃三顿饭、睡一张床，并不需要更多的物质，非常满足。[①]

---

① 熊正琴访谈，2016年4月20日，南京。

第九章
充满爱的家

一般情况下，每个人一生都有两个家庭，一个是养育自己长大的原生家庭，一个是自己结婚生子的家庭，这两个家庭对我们来说都是非常重要的。朱兆良说自己生活在一个幸幸福福、和和美美的家庭里，他和爱人牟润生的生活也是幸福、温馨的，他们携手走过了五十个年头。

朱兆良 1932 年 8 月 21 日生于山东青岛。他的家位于青岛市市南区的德县路 35 号，后来又搬到德县路 31 号。中华人民共和国成立前中山路是青岛市的最繁华的商业街，德县路与中山路相邻，由于经济发展较好，商业发达，在当地被称为"金三角"。朱兆良的老家距离明德小学、三江小学都很近，可以说是学区房了，朱兆良和兄弟都是就读于明德小学，他们家距离天主教堂、栈桥、火车站也比较近。朱兆良曾说，小的时候放学后还会去教堂的广场和小朋友一起踢球、做游戏等。

平凡幸福的大家庭

父亲是标杆

现在提起青岛，大家都知道它是一座美丽的海滨城市，但在二十世纪初的那个战争年代，老百姓日子艰难困苦。

朱兆良的爷爷在年轻的时候，就一人带着四个孩子生活，由于担心孩子受后妈的气，因此一直没有再续弦。干农活的时候就把孩子放在篮子里用扁担挑着，生活很辛苦。朱兆良的父亲在12岁的时候，从浙江老家坐船到青岛，投靠堂叔，希望能够找份工作。到青岛以后在堂叔家的服装店做学徒，服装店位于现在青岛市的保定路1号。学了五年之后，就到一家名叫"正泰"的服装店做"跑街"[1]的活，干过几年的跑街的活以后，在朱兆良母亲的建议下，经过民间融资开了自己的服装店，朱兆良父亲的服装店能够经营下来还多亏自己在上海的朋友朱晋康帮忙。

朱兆良的父亲和朱晋康是一个村的朋友，他们同一年外出谋生，朱兆良的父亲到青岛投靠自己的堂叔，而朱晋康就到上海去了。朱晋康在上海也是做服装生意的，当时布料比较贵，但是如果有人担保就可以先赊账，等卖了布料以后再给钱。由于朱晋康了解朱兆良父亲的人品，因此就给他做担保了，这让朱兆良的父亲可以从上海拿到布料了。因此，朱兆良父亲不仅做服装还可以卖布料，生意逐渐做起来了。

当年，朱晋康每年5月至10月都会从上海到青岛来，为了做到青岛避暑的美国大兵的生意。在日占区时期，朱兆良的父亲到日本宪兵队给朱晋康办良民证，结果让日本人把耳朵打聋了，腿也被狼狗咬得鲜血淋淋。我们访问朱兆良的大哥朱利朝时，他说："我父亲就是这样一个人，人家帮助

---

[1] 跑街就是到客户家里兜售布料和衣服，或者是去量尺寸，等服装做好后再给客户送去。

第九章　充满爱的家　　145

过他，他就是搭上命也会去帮人家的。"① 朱晋康每年到青岛来，朱兆良的父亲都会腾出一间房让他住。父亲这种对朋友忠诚、记得感恩的行为慢慢影响着朱兆良，也养成了他重朋友的性格。今天，朱兆良参加一些活动，一方面是为工作，另一方面是为见见老朋友，和他们在一起聊聊谈谈。自己都是耄耋老人了，朱兆良每年还给海外朋友邮寄贺年卡，这是一位多么值得我们尊敬的老人！

就这样，父母靠着自己的手艺和勤俭持家养活了一家人，让朱兆良和哥哥以及两个弟弟都大学毕业，姐姐和妹妹虽没有上大学但也都受过教育。哥哥 1948 年在上海参加高考，考上国立山东大学医学院，后来还到上海参加我国首届中西医结合培训班。三弟曾参加留苏培训班，后来中苏关系破裂就被分到上海医学院学习，毕业后分到济南的省立人民医院，做五官科医生。四弟在南京航空航天大学学习，毕业后就留校做老师。现在哥哥和姐姐及妹妹在青岛，三弟在济南，四弟在南京。

哥哥是启蒙老师

朱兆良说："小时候在家里，也不知道哥哥从哪里搞一块小黑板来，他就教我们学英语。不会的还要受惩罚，现在想想挺好玩的。哥哥说过了，我们才可以出去玩。"

哥哥朱利朝大学是在山东大学医学院学习西医的，参加工作几年后，又去上海学习中医。至今仍然每周的星期三到青岛市市南区第三人民医院坐诊。朱利朝说："礼贤的师生是非常爱国的，当时礼贤中学为了避免被日本人骚扰就在门口画了两个纳粹的标志。由于日本实行奴化教育，为了反击日本的无理要求，学校就把课表全写上自习，而实际上学生们都在学习英语等科目。"② 朱利朝介绍礼贤的学生英语非常棒，当时给他们上课的是一位苏老师，学生给了个绰号"苏大鼻子"③。苏老师给他们讲授英语语法，

---

① 朱利朝访谈，2014 年 8 月 12 日，北京。存于采集工程数据库。
② 同①。
③ 经查阅相关资料我们推断这位老师就是苏保志，毕业于汉堡大学当时在礼贤担任英语和德语的教学任务。

并且很认真,上课会一个一个提问,让他们回答问题。苏老师利用中午的时间教他们德文,还会给他们上物理课。正是由于苏老师的认真、严格教育,加上朱利朝自己的努力,使他能够担起教弟弟们学英语的责任。

哥哥不仅在小的时候教朱兆良英语,在朱兆良上大学关键时刻,也是哥哥帮忙想办法的。前面我们曾提过朱兆良在初二的时候就认定自己以后要搞化学,加之在职业学校学习过两年多的时间,所以考大学的时候他认为一定是报考国立山东大学理学院的化学系。作为哥哥已经非常了解,在当时的社会环境下,大家都不愿学农,所以报考农业类的竞争压力小,录取的可能性大。先上大学再说,至于专业,可以到大学以后再转。因此在填报志愿的时候,他给朱兆良报的是农学院。当朱兆良拿到通知书看到是农学院农艺系后,还把哥哥埋怨了一顿。不过哥哥没有说什么,做哥哥的认为,帮弟弟顺利上大学就可以了。

大学毕业

图 9-1　在青岛与兄弟姐妹聚会（2004 年。左一三弟朱利相,左二朱兆良,左三大姐朱文秀,左四大哥朱利朝,左五四弟朱兆达,左六大妹朱文羽,左七小妹朱文芝。朱兆良提供）

图 9-2　朱兆良夫妇与兄弟姐妹在南京家里（1993 年。第一排左一牟润生,左五朱兆良、左六朱兆良大姐。朱兆良提供）

第九章　充满爱的家　　*147*

以后，朱兆良远离父母，但是都会给父母邮寄生活费。哥哥对他的评价是："表面上看起来，老二不怎么恋家，但是他的心里是有家人的。在我父亲去世后，他邮寄回来的钱还是和以前一样多，他完全可以减半的，他还是很孝顺的。"①

由于兄弟姐妹不在一个城市，每个人工作又都很忙，聚在一起的次数非常少。1993 年，大姐和三弟夫妻三人从山东到南京来，让他们有了一次聚会机会。过了二十年直到 2012 年 10 月朱兆良回青岛老家，当时在南京的弟弟也赶了回去，兄弟姐妹几个再次聚了一次。

植根爱的土壤

图 9-3　朱兆良与妻子牟润生在土壤所内合影（1956 年，朱兆良提供）

朱兆良与牟润生，可以说是有缘千里来相会的两人，祖籍都是浙江，但一个生于山东青岛，一个生于江苏镇江，最后相遇在南京土壤所。有貌、有才的两个年轻人，在工作过程中心生情愫，走到一起，相互陪伴走过了五十个春秋。牟润生是朱兆良的坚强后盾，朱兆良是牟润生的大山。她为他解除后顾之忧，他将她捧在手里，呵护一辈子。与朱兆良相比，牟润生家庭情况要好一些，自小出生在一个知识分子

---

① 朱利朝访谈，2014 年 8 月 12 日，北京，存于采集工程数据库。

家庭，父亲毕业于河海大学，母亲毕业于北京一所师范学校，由于父亲是搞水利工程的，过一段时间工作就会调动，也会换一个城市，所以孩子的名字都是和出生地方联系起来。由于牟润生出生在镇江（古时称为润州），①所以就叫润生，牟润生是家中长女，毕业于苏北农学院，弟弟妹妹都是大学毕业。

朱兆良和牟润生在1956年9月30日结婚。1958年，大女儿朱竞出生。女儿朱竞说："父亲对自己采取的是放养形式，学业没有什么特别的要求，要求踏实做事，老实做人。学习上有不会的问了就讲，父亲不会主动过问自己的学习。家里的事情都是母亲来处理的。"②朱兆良也说："我就是甩手掌柜的，家里的事情基本不操心，她（夫人）可以处理得很好，说第二天要出差了，我只管拎包走人就可以了。"可以看出来，在这个家庭里，牟润生承担的更多，她除了承担工作上的事情，还要包揽家里所有的事情。但是对这一点从来没有说过什么。朱竞说："他们从来没有吵过架，关系一直都很好。后来妈妈生

图9-4　朱兆良与夫人牟润生及四岁女儿朱竞合影（1962年，朱兆良提供）

图9-5　全家福（前排左一朱兆良，左二外孙女龚学敏，左三牟润生，后排左一朱竞，左二龚乐明，左三朱耘。朱兆良提供）

---

① 镇江是中国江苏省所辖地级市，位于江苏省西南部，中国东部沿海、江苏南部，古时称"润州"。

② 朱竞访谈，2014年10月20日，北京，存于采集工程数据库。

第九章　充满爱的家　149

病了住在鼓楼医院，只要不出差，爸爸每天下午都去看她。有时我们告诉他，今天很好，我们已经去过了，你累了不用去了。爸爸的回答是，你妈妈在等我，她乐意我过去。"① 由此可以看出他们夫妻之间那份深深的情感。朱兆良说："在最艰苦的时候她陪我一起过来了，但是生活渐渐好转时，她却生病了。"在生活不富裕、住房紧张的时代，他们在九华山搬了几次家。下放到泗阳后住过大队办公室，一起盖房子，在院子里种菜、干农活等。从泗阳回来后，由于住房紧张，一家四口人晚上要分在两个地方睡。这一切都已结束、住房条件得到改善的时候，牟润生却在1981年查出来患有帕金森综合征。为给妻子治病，朱兆良曾力主到广州做手术，只是希望能够减轻病情，让妻子少受疾病的折磨。后来疾病严重时，为给妻子提供方便，朱兆良找人在妻子行动范围内的墙壁上都安装扶手，并坚持陪妻子进行康复锻炼。妻子去世后，朱兆良曾说："人走了，就不一样了。虽然生病，但是每天都能看到，现在心里空落落的。"② 朱兆良的理解是："不是什么爱不爱的，在一起时间长了就是责任，她身体健康的时候全身心支持我工作，生病了我能不管么？不管那就不是人了。"

图 9-6 朱兆良在家里墙上为方便夫人行走安装的扶手（慕亚芹拍摄）

"人"这个字最简单，一撇一捺，撇和捺相互支撑才是一个人字。朱兆良和妻子就是这一撇一捺，年轻时才子和佳人，一撇一捺代表爱情，有爱两人才能走在一起；中年是事业和家庭，一个照顾家庭，一个奋斗事业；晚年是责任和亲情。就这样他们植根爱的土壤，享受幸福人生。

现在朱兆良和大女儿朱竞生活在一起，朱竞是他工作上的秘书。1998

---

① 朱竞访谈，2014年10月20日，北京。资料存于采集工程数据库。
② 邢光熹访谈，2014年11月27日，北京。资料存于采集工程数据库。

年，朱竞调入土壤所，一开始在实验室工作，后来单位安排她照顾朱院士，朱竞说："七十多岁的时候，到离南京近的地方开会，他根本不让我陪，他就怕麻烦人。现在岁数大了，腰椎、颈椎都出了问题，我们也担心。他这才同意我一起陪同。"① 小女儿朱耘是中国农工民主党江苏省委员会会计。

图 9-7　朱兆良八十大寿时的全家福（第一排外孙陆天浩，第二排左一二女儿朱耘，左二朱兆良，左三大女儿朱竞，后排左一二女婿陆军涛，左二大女婿龚乐明，左三外孙女龚学敏。朱兆良提供）

朱兆良对自己生活和身体状况非常满意，他说："我年岁已高，身体各个部件当然都在老化，这是自然过程。这辈子自己已经赚了很多了，非常满意。"

---

① 朱竞访谈，2014 年 10 月 20 日，北京。资料存于采集工程数据库。

第九章　充满爱的家　*151*

结 语

一个人的成功、成才取决于多种因素，既有个人内在因素，也受到外在环境和条件的影响。《院士成才启示录》一书中把人成功和成才的"奥秘"总结为：理想与立志；做人与做事；打好基础与全面发展；好学与勤奋；意志与毅力；治学之道；探索与创新；机遇与抉择；师长的教诲与学校、家庭、社会的影响。[①] 朱兆良从一个懵懂少年成长为一位院士，在这一过程中离不开家庭的影响、老师的教育和他人的帮助以及自己的努力。

父亲的标杆作用

家庭，与每一个人息息相关。《诗经·小雅·蓼莪》中有"无父何怙，无母何恃。……父兮生我，母兮鞠我。拊我畜我，长我育我。顾我复我，出入腹我。"意思是说，父母是生我、养我、教育我的人，还是给我精神安慰的人。父母给予朱兆良生命，抚养其成人，同时也以自己的方式教育他。朱兆良的父亲自学成才并努力工作，母亲勤俭持家，兄弟姐妹友好相处，整个家庭其乐融融，是中国传统美好家庭的典范。这些为朱兆良的成才提供了榜样，让他明白并积累生活、工作及与人相处的宝贵经验。

[①] 孙殿义、卢盛魁：《院士成才启示录》（上）。广东科技出版社，2003年，第7页。

朱兆良的父亲基本没有接受过正规教育，他也不会与儿子交流如何学习的问题等内容。朱兆良说："父亲对我没有什么特别要求，一切顺其自然。"① 现在看来，父亲是通过自己的言行影响、引领他成长。朱兆良的父亲十一岁离开浙江老家，不远千里漂洋过海到青岛投靠自己叔父。到青岛后，他在叔父的裁缝店做学徒，期间除学了一手好手艺外，还能够用英、俄、日等多种语言与外国客户无障碍交流。父亲利用自己立足社会的技术和努力工作态度，让儿子明白做人要有本事，要不断努力上进，这样才能养家糊口立足社会。家庭教育是人生开始的第一课，父母则是第一任启蒙老师。家长的言行对子女产生深刻的影响，父亲的勤奋好学、努力工作深深影响着朱兆良。

李庆逵在学术上的引领

老师对朱兆良影响很大。朱兆良认为大学的学习经历，不仅为他以后工作打下了扎实的专业基础，而且也培养了科学的思维能力。工作以后朱兆良认为李庆逵在他学术成长的道路上起了重要作用，是他一辈子的良师益友。李庆逵在三个方面深深地影响了朱兆良：在学术论文撰写，研究方法掌握及利用、海外学术交流等方面提供指导和机会。

指导并推荐发表学术论文。1957年，朱兆良在《科学通报》上发表"中国土壤中的氟及氯"一文，文中专门说明他的研究工作得到李庆逵和刘铮同志的帮助。朱兆良谦虚地说："我当时能在《科学通报》上发表，全靠李庆逵的推荐。"② 发表论文不单是推荐和帮助就可以发表的，最重要是论文质量要值得人帮助和推荐，这说明朱兆良的科研能力已得到李庆逵的肯定。在李庆逵指导下朱兆良逐渐学会提出研究问题，搭建论文框架，呈现数据，解释数据等撰写学术论文的要领。

指点研究方法。李庆逵放手让朱兆良自己去探索，发挥潜力的同时，也对其进行观察和引导。朱兆良研究稻田氮肥去向的研究方法，就是受李庆逵的指点，才大胆利用同位素示踪法。根据李老的指点，他和同事对

---

① 朱兆良访谈，2014年9月20日，南京。
② 朱兆良访谈，2014年9月10日，北京。资料存于采集工程数据库。

前季稻进行试验，最终得出水稻对返青后施用的 ^{15}N 标记硫酸铵的利用率为 43% 左右，残留在表层土壤中的为 20% 左右，下层约在 2% 以下，氮素损失为 35% 左右。该研究是国内第一次定量研究施入农田化学氮肥去向问题。

提供交流机会。李庆逵从科学院获得 1979 年 11 月将在泰国清迈召开"东南亚湿润季风区生态系统中氮素循环"学术会议的消息，他立即推荐朱兆良参加这次学术会议。开会之前，澳大利亚土壤学教授 John McGarity 到土壤所进行交流。李庆逵就安排朱兆良全程陪同，一方面是为陪同来访学者，更主要的是提供机会让朱兆良练习口语。

朱兆良与李庆逵之间虽不是正式的师生关系，但是李庆逵完全按照指导研究生的方式，培养他对课题的敏感性，并从研究思路、试验设计、数据处理等方面培养他的科学素养。李庆逵通过这些工作引领朱兆良在学术上一步一步前进。

于天仁等人的帮助

上大学之前哥哥一直帮助朱兆良，他利用自己的信息资源帮助弟弟顺利上大学并读了化学专业。大学时期刘遵宪等老师对其产生很大的影响，工作以后可以对朱兆良产生影响的是于天仁、封行和李庆逵。前者在关键时刻让朱兆良获得基本生存资源维持生命，后者在各个方面给予引导和鼓励。于天仁主要是工作上的帮助，封行则是给予生活上的帮助。

刚参加工作的朱兆良对土壤学一窍不通，在单位有点不在状态，在适应并融入工作环境的过程中，于天仁给予他很大帮助。于天仁没有给朱兆良说一套大道理，而是积极和上级领导及有关部门联系，希望朱兆良能调换到专业对口的单位。等待调换工作间隙，他安排朱兆良做一些化学分析方面的工作，如改进已有的某个化学分析方法或者尝试利用以前没有用过的方法对土壤中一些元素进行分析。一方面，发挥朱兆良专业特长，另一方面，让朱兆良在工作中消除抵触心理，并逐渐融入其中。于天仁利用时间差等待朱兆良或者适应土壤所工作，或者能够顺利调换工作。这一过程中，于天仁创造一些条件，既尊重朱兆良对自己专业的热爱和选择，又让他在工作环境中了解土壤学。于天仁的工作方法没有引起朱兆良的反感，反倒是让他心存感激。朱兆良说："他的这一做法，会让一个年轻人安定下来。因为他让我做的都是我学化学专业所专长的，一定程度上也符合我对化学的兴趣爱好，不会感觉到是在从事自己不喜欢的工作。他是很高明的，我是很佩服他的。"① 于天仁的安排让朱兆良能够安心等待调换工作的机会，也让他在没有抵触、发挥专长的前提下纠正对土壤学的偏见。

1958年，在组长丁昌璞带领下，朱兆良和其他同事到常熟蹲点。一开始生活还说得过去，后来生活越来越艰难。为解决蹲点同志生活上的困难，常熟县委领导让朱兆良他们这批知识分子到镇公社食堂就餐。这一提议与单位要求蹲点工作人员须与老百姓同吃、同住、同劳动、同研究、同总结相矛盾，朱兆良等人不敢贸然行事。当时恰好封行主任到常熟考察，了解到朱兆良等人面临的困境后，当机立断说："蹲点同志应当一切听从当地政府的安排。"② 朱兆良说："封主任这一决定，既让蹲点的同志稍微改善伙食，又完全遵守纪律。要不，真不知道会是什么后果。难啊，当时国家确实是困难。"③ 马斯洛需求理论认为人有五大需求分别是：生理需求、安全需求、爱和归属感、尊重和自我实现五类，依次由低层次向高层次排列。人的第一需求是生存需求，生存需求得不到满足，其他一切免谈。封行主任的决定，对他本人来说很容易，甚至可能不会留下什么印象，对朱兆良等蹲点的同志来说确是关系生活的大问题。

家庭塑造朱兆良健全的人格，老师引领他在知识海洋遨游，并培养了他的思维模式和兴趣点。哥哥、于天仁、李庆逵、封行等人在重要节点上给予的帮助，这些外在因素让朱兆良在人生和工作上少了些波折，多了些顺畅。

---

① 朱兆良访谈，2014年9月10日，北京。资料存于采集工程数据库。
② 同①。
③ 同①。

个人才智品德与兴趣爱好

对专业持有浓厚兴趣

这里的专业兴趣既是指根据自己兴趣发展出的工作，也指由于各种原因能够转移自己的兴趣，重新培养自己对新专业、新工作的兴趣。一个人对所学专业或者说对所研究的工作有兴趣了，就成功了一半，因为兴趣所致，一往情深，学习和研究是离不开兴趣的。① 青少年时期，朱兆良对自己将来职业已有相对明确的认识，认为自己将来一定是从事与化工有关的工作。为此，大学时期他从农学院农艺系转到理学院化学系。即使做了如此充分的准备，到单位后他还是及时调整自己的爱好，培养对新工作的兴趣，让自己把"对化学理论的爱好与滋养万物的土壤结合起来，与农业生产实践集合起来"。②

掌握多种语言工具

查阅英语资料，进行英语演讲，对朱兆良来说轻而易举。年轻的时候，他还能够阅读日语、俄语文献，能用西班牙语进行简单的对话。多掌握一种语言就等于多了一个通向知识的通道，能够流畅运用外语工具，使朱兆良始终能够掌握学术前沿，了解最新的学术动态。无障碍与国外同行进行交流，无形中增加交流的信息量。人与人交流是一个信息发出和反馈的过程，这一过程中交流双方互相影响着对方，最主要的是能够准确理解对方的意思。朱兆良熟练运用语言工具扩大交流范围，增加信息量。1981年，朱兆良到澳大利亚访学，他从与Colwell博士交流后得到启发，研发出氮肥适宜施用量的推荐方法。

长期坚守研究领域

青年时期结合国家的需要选定事业的方向是非常重要的，但更为重要的是其在长期奋斗中，不为眼前的私利所诱惑，不因暂时的困难而退缩，百折不挠地向既定目标走去。二十世纪五六十年代，很多有志青年，为了

---

① 韩存志：《资深院士回忆录》（第3卷）。上海科技教育出版社，2006年，第63页。
② 中国科学院学部联合办公室：《中国科学院院士自述》。上海教育出版社，1996年，第342页。

国家的富强面临着调整自己兴趣并坚持下去，有的人还多次进行调整。

参加工作后，朱兆良认识到农业在国家经济中的重要作用，明确搞土壤同样可以实现自己为国家建设贡献自己力量的梦想。从此以后，他坚持"土壤学是应用学科，应主要围绕国家经济建设、农业发展来搞研究；既要强调应用研究，也要强调理论研究，理论与实际结合；发挥理论专长，从基础理论方面来解决应用中提出的问题，既有理论的深度，又有应用的广度；而理论应围绕生产中提出的问题来发展，十年、二十年、三十年，这样一直研究下去。"①

积极健康的业余爱好

人生不只是工作，除了工作之外还有生活，积极向上的业余爱好可以增加生活的乐趣，还可以为工作提供身心保障。高级科技人才并不就是书呆子，整天就是看书、做试验等，他们也都是多面手，有自己的业余爱好。朱兆良对京剧情有独钟，会拉京胡，有机会还一展身手，京剧让他享受艺术带来的愉悦；喜欢爬山则让他锻炼身体的同时，领略到了大自然美景。这些积极健康的业余爱好让朱兆良享受生活的同时，还能以健康的身心投入工作当中。

此外，朱兆良还认真听取同事们在工作上不同意见。与同事们的团结合作以及家庭的支持是他在科研工作中取得进展的重要条件，而在遇到困难和问题时，尽可能地克服情绪波动是至关重要的。

幸福的家庭生活，名师的引导，哥哥、于天仁、李庆逵、封行等人在关键时刻的帮助让朱兆良拥有了发展的外在条件。对专业抱有浓厚兴趣，长期坚持自己研究领域，熟练运用语言工具，家人的支持，这些让朱兆良拥有了成才必备条件。在内外因的双重因素作用下，让他从曾经痴迷化学的少年，成长为一个植物营养学领域的科学家。

---

① 宁波市科学技术协会编：《甬籍院士风采录》。浙江大学出版社，2002年，第332页。

附录一　朱兆良年表

1932 年

8 月 21 日，出生于山东青岛市南区，祖籍浙江奉化。父亲朱忠富，个体工商业者，从事服装加工，母亲应祥叶。

1938 年

1 月 10 日，日军侵占青岛，朱兆良随母亲、哥哥、姐姐、弟弟乘船途经上海逃难到浙江奉化老家。半年后，待形势相对稳定一些，便与弟弟跟随母亲返回青岛。

9 月，至明德小学一年级学习。

1939 年

9 月，由于明德小学师生不满日本人的"奴化"教育，学校停办，朱兆良转学到青岛市三江小学继续学习。

1940 年

9 月，在校长及其他人士的积极争取下，停课一年的明德小学得以复课，因此朱兆良又回明德小学继续学习。

1945 年

7 月，从明德小学毕业。

9 月，至礼贤中学（即现在的青岛市第九中学）读初中。

1947 年

7 月，假期报名参加当地一家日用化学品制造培训班学习。

9 月，考入私立青岛高级工业职业学校。

1948 年

夏天，陪哥哥到上海参加高考，自己也参加了相关职业学校考试，考取江苏省松江高级化学工业职业学校造纸科。

9 月，入学报到。

12 月，因哥哥考取山东大学，家里人不放心朱兆良一人在上海读书，因此从松江高级化学工业职业学校退学，返回青岛。

1949 年

2 月，继续就读于青岛私立高级工业职业学校化工科。

9 月，考入山东大学农学院农艺系。

1950 年

9 月，大学二年级转入理学院的化学系学习。

1953 年

1 月，原地质调查所所属的土壤研究室改建为中国科学院土壤研究所。

7 月，从山东大学理学院化学系毕业，分配到中国科学院土壤研究所。

1954 年

在土壤所进行一些土壤化学分析方面的工作。

1955 年

从事土壤微量元素分析工作，这一时期，于天仁、李庆逵两位老师对他的影响很大，使他转变思想安心从事土壤化学工作。

在《土壤学报》第 3 卷第 1 期上发表论文：用亚硝酸钠去铵的微量定钾法。

1956 年

9 月 30 日，朱兆良与同单位工作的牟润生结婚。李庆逵夫妇参加了他们的婚礼。

12 月，由张效年等同志介绍加入中国共产主义青年团。

1958 年

3 月，大女儿朱竞出生。

4 月 16 日，到江西甘家山考察李庆逵布置的红壤肥效试验。

4 月 24 至 5 月 25 日，在李庆逵的带领下在江西兴国县进行为期一个月的调研工作。

9 月 20 日，到常熟白茆蹲点。

11 月 20—28 日，参加科学院在南京举行的土壤工作会议，竺可桢副院长做了报告。

1959 年

1 月 9 日，参加在南京举行的江苏省农业科学年会。

6 月 13 日，在白茆和同事设计水浆管理试验方案。

10 月 30 日，在常熟建立丰产片试验地，主要是进行施肥量的试验。

11 月 1 日，在苏州参加苏州科委召开的科研工作总结会议，商讨水稻适宜落干时间，以适应小麦耕作的要求。

参加中国科学院组织的《小麦的密植和深耕》一书的编写，撰写了其中深耕部分的内容。

1960 年

1 月 30 日，参加中国科学院召开的农作物丰产工作总结会议。

3 月 27—28 日，在常熟建立细菌肥料试验田，并开始设计试验。

10 月 8 日，参加江苏省农业考察团会议。

10 月 12 日，参加南京土壤所部分工作人员到江苏部分专区考察情况的汇报会。

晋升为助理研究员。

参加中科院组织的《水稻丰产的土壤环境》一书的编写，撰写了其中水稻土的深耕和生土熟化部分的内容。

1961 年

2 月 27 日，到江宁考察试验田小麦生长情况。

3 月 13—19 日，到江宁县三个公社调查小麦产量、苗情、肥源、施肥情况。

3 月 21—23 日，到江浦县调查，并将调查情况汇报给县委。

5 月 3 日，在南京土壤所参加陈永康丰产经验总结会议。

被任命为中科院南京土壤研究所氮组组长。

1962 年

2 月 24—27 日，参加陈永康丰产经验讨论会。

4 月 25 日，到丹阳练湖农场调研稻田施肥问题。

5 月 31 日，在南京土壤研究所所内设置水稻盆栽试验。

1963 年

4 月 3 日，在苏州望亭参加土壤分级讨论会。

6 月 5 日，布置练湖农场施肥试验。

12 月，到苏南地区进行农业生产情况调研。

1964 年

4月3日，到苏州农科所土肥组交流工作。

7月10日，到苏州农科所调研。

7月24—25日，参加江苏省土壤学会年会。

1965 年

2月，受单位派遣去古巴帮助建立古巴科学院土壤研究所，负责土壤化学分析和土壤农业化学的工作。

7月2日，在中国驻古巴大使馆参加欢送李庆逵回国的宴会。

1966 年

6月，完成外派任务从古巴回国。

1970 年

1月20日，下放到淮阴泗阳县王集公社南园大队。

1973 年

9月，携夫人及俩女儿从泗阳返回南京，回到原工作岗位。

1974 年

3月22日—4月7日，在苏南地区对"熟制"改革后出现土壤氮肥胃口变大情况进行调研。

5月2—7日，在熊毅带领下再次到苏南地区进行"熟制"改革后果的调研。

12月13日，探讨苏州地区"双三制"高产氮肥条件下，土壤农化方面的几个问题如氮肥的合理施用等问题。

1975 年

5月18日，在无锡东亭利用前季稻开展水浆管理试验、氮磷钾肥比较试验。

5月20日，在无锡东亭设计氮肥用量及施用期试验。

1976年

3月，在南京参加《土壤学报》审稿会议。

10月4—7日，到湖南省农科院土肥所交流学习。

1977年

3月3日，对原氮肥施用研究计划进行调整，决定把工作重点转移到定位 ^{15}N 平衡研究工作上。

5月13—16日，拟探索影响水稻对磷的反应的因素，并开始布置相应试验。

8月29日，在南京土壤所会议室听取著名土壤学家华中农学院陈华癸教授关于"土壤微生物学历史回顾与展望"报告。

1978年

1月11日，开始探索土壤中氮素的转化、供应和损失的数学模型。

3月17日，在无锡东亭安排氮素转化问题研究工作。

3月21日，在常州武进探讨土壤肥力上升的依据。

4月8—22日，到上海市农科院土肥所交流学习，并到上海所属地区进行调研。

9月14日，接待日本学术访华团成员，并介绍自己进行的一些土壤研究工作。

10月12日，对高产稳产水稻土壤氮素供应的特点以及调节的原则进行研究。

10月31日，接待国际钾肥协会代表团。

"江苏省高产稳产农田建设的土壤问题"获得江苏省科技奖。

参编的《中国土壤》获全国科学大会重大成果奖。

1979年

1月8日，参加江苏省水稻丰产经验交流会。

开展稻田土壤氮素矿化过程的研究。

开展稻田中氮肥气态损失的研究。

5月18日，参加"化工大全"化肥分册编写会议。

11月上旬，到泰国清迈参加东南亚湿润季风区生态系统中氮素循环学术会议。

1980年

开展水稻土氮素损失途径和主要类型水稻土的矿化特性的研究。

3—5月，与熊毅所长一起访问日本并参加菲律宾国际水稻研究所成立二十周年庆祝会暨学术会议。

"耕作制对土壤肥力的影响"获中科院科技进步三等奖。

1981年

2月25日—4月25日，受澳大利亚联邦科学与工业研究组织（CSIRO, Commonwealth Science and Industries Research Organization）的植物工业所邀请出访澳大利亚。

9月24日，参加化工部平衡施肥宜兴试验点工作会议。

10月8日，到上海朱家角考察。

1982年

5月24日，听取外国友人（Ladd）在江苏省农科院做的固氮报告。

9月下旬至10月初，受菲律宾国际水稻所邀请参加"有机质与水稻"会议。

参加《肥料手册》审稿会议。

招收第一位硕士研究生陈德立。

1983 年

2月，参加吴县农业局的节氮成果鉴定会。

4月16日，参加土壤所黄淮海任务工作会议。

5月9—13日，参加国际水稻所固氮课题顾问会议。

主持的"苏州地区农业生产中氮素的循环和氮肥的合理施用"项目获江苏省科技奖四等奖。

8月13日，参加全国化肥网会议。

8月31日，参加化肥网南方区会议。

11月27日—12月3日，在西安市参加中国土壤学会第五次代表大会并提交论文："我国氮素的土壤—植物营养化学的研究"。

1984 年

4月，接待来访的澳大利亚CSIRO专家John Freney和Jeff Simpson。

5月16日，参加太湖地区项目组工作汇报会议。

开展氮素损失途径和提高氮肥利用率的研究。

12月18日，参加在福建厦门举行的全国第一次氮素工作会议，提交论文："土壤氮素的矿化和供应"。

1985 年

4月上旬至5月上旬，受澳大利亚CSIRO和国际水稻所邀请，出访澳大利亚并参加INSFFER会议。

5月，被聘为国家科委发明评选委员会特邀审查员。

11月，以"水稻土中化学氮肥氮素损失途径"为研究课题申请中国科学院科学基金。

11月19日，太湖地区高产土壤的培育和合理施肥研究项目接受中国科学院组织的技术鉴定。

1986 年

晋升为研究员。

3月,成功申报中国科学院科学基金,课题名称"水稻土中化学氮肥损失途径"。

3月17日,到封丘安排田间试验。

5月,成功申报国家"七五"攻关项目:封丘试验区综合治理技术研究,为主持人之一。

6月2日—7月1日,开展封丘试验。

6月19日,对试验小区进行淹水整地。

12月,成功申报中国科学院项目:黄淮海平原潮土的养分供应能力和化肥经济施用的研究。

参加的"太湖地区高产水稻土的培育和合理施肥的研究"获中科院科技进步二等奖。主持其中关于合理施肥的研究,排名第四。

招硕士研究生王贤忠。

1987年

参加菲律宾马尼拉召开的水稻研究国际学术年会,会上特邀做"土壤氮素的动态和管理"学术报告,受到国际水稻所首席科学家及相关组织的祝贺。

3月中旬至下旬,受马来西亚土壤学会邀请参加在吉隆坡举行的国际尿素制造和施用学术会议。

9月15—18日参加江苏省配方施肥会议。

12月,成功申请中科院土壤圈物质循环开放研究实验室课题:"农田生态系统中氮素反硝化损失的研究"。

参加的"太湖地区高产水稻土的培育和合理施肥的研究"获国家科技进步二等奖。

1988年

2月25日,筹划化肥的需求和合理施用技术咨询会议。

3月5日,参加河南豫北地区中低产田综合治理会议。

3月,获江苏省化学化工协会颁发的从事化学化工工作三十年荣誉证书。

3月，被选为中国土壤学会第六届理事会土壤—植物营养专业委员会副主任。

5月14日，应邀参加在济南召开的山东省农科院土壤所学术会议。

5月20日，到河北正定县土肥站进行调研。

5月23日，到天津市农科院土肥所进行调研。

5月25日—6月14日，在封丘进行氨挥发试验。

9月15—19日，到盐城参加江苏省施肥会议。

10月2—9日，到河南新乡参加封丘开放站的论证会议。

10月13—18日，到南通参加江苏省土壤学会年会。

10月初至中旬，受澳大利亚格里弗斯大学邀请出访澳大利亚，并商讨合作培养研究生事宜。

11月，受聘担任封丘农业生态开放实验站学术委员会委员。

12月13日，到广东省土肥所考察调研。

12月，获人事部颁发的国家级有突出贡献中、青年专家荣誉称号。

12月初至中旬，到泰国清迈参加国际水稻所固氮课题顾问会议和国际水稻土肥力会议。

主持的"稻田中化肥氮的损失"项目获中国科学院科技进步奖二等奖。

1989年

承担中国科学院重中之重项目"土壤—植物—大气系统中养分循环与平衡网络研究"工作。

3月4—14日，与于天仁一起受国际水稻所邀请参加澳大利亚地区持续农业中的磷素需求学术会议。

5月，访问马尼拉国际水稻所。

6月18—25日，到杭州参加农业大百科农业化学卷编写会议。

11月30日，参加化肥网络工作会议。

主持的"稻田土壤的供氮能力和氮肥施用量的推荐"项目，获中国科学院科技进步二等奖。

1990 年

承担国家自然科学基金项目"土壤作为大气 N_2O 源和汇的作用及其影响因素"研究工作。

4月至6月，在封丘进行氮肥损失途径之一氨挥发测试试验。

9月7日，在中国科学院南京分院对"黄淮海平原潮土的养分供应能力和化肥经济施用的研究"进行科学技术成果鉴定。

10月，参加在日本京都举行的国际土壤学会第十四届大会，并做"稻田的氮肥管理与氮素转化的关系"特邀报告。

12月10日至14日，参加中国科学院资源生态环境网络研究课题会议。

主持的"稻田土壤的供氮能力和氮肥施用量的推荐"项目获国家科技进步二等奖。

当选为国际土壤学会水稻土肥力组主席

参编的《中国土壤》第二版，获中科院自然科学一等奖。

1991 年

8月，成功申请中国科学院南京土壤研究所土壤圈物质循环开放实验室重点课题，项目名称："水旱轮作制中化肥氮的损失及其对策的研究"。

9月4日，到邳县农科站调研。

9月7日，到徐州农科所调研。

10月20日，到长沙参加中国土壤学会第七次全国会员代表大会暨1991年学术年会。会上被选为中国土壤学会第七届理事会土壤—植物营养专业委员会副主任。

10月，获享受政府特殊津贴荣誉。

10月，主持的"黄淮海平原区域综合治理技术和农业发展战略"项目获中国科学院科技进步一等奖。

参编《中国土壤》第二版与《中国土壤图集》合并获国家自然科学奖

二等奖。

招收博士研究生李新慧。

在江苏省土壤学会年会上当选为江苏省土壤学会理事长。

1992 年

1月15—17日，参加在南京土壤所召开封丘试验区"八五"科技攻关会议。

1月25日，到北京参加中国科协组织召开的学会理事长和秘书长会议。

2月10—12日，参加在印度卢迪亚纳市召开的"持续性生产养分管理国际学会研讨会"。

9月15—19日，参加国际土壤学会水稻土肥力工作组在南京召开的学术会议任大会副主席。

和文启孝共同主编《中国土壤氮素》由江苏科技出版社出版。

招收博士研究生范晓辉。

1993 年

4月17—19日，参加中国人民政治协商会议江苏省第七届委员会。

5月，到美国 Block Island 参加环境问题科学委员会（SCOPE）氮循环课题顾问会议。

9月24日，到澳大利亚联邦科学与工业研究组织大气物理所考察访问。

11月，当选为中国科学院（生物学部）学部委员。

1994 年

1月28日，与邢光熹以"农田系统 N_2O 的发射通量及其影响因素"成功申请国家自然科学基金。

4月12日，参加南京环保所举办的"化肥面源污染控制研讨会"。

4月28日，以鉴定委员会主任的身份参加在北京召开的"涂层尿素应用技术与开发成果"鉴定会。

6月8日，荣获1993年度陈嘉庚农业科学奖。

7月25—30日，参加在泰国召开的"尿酶抑制剂用于提高尿素效果"的研究课题评议会。

10月，参加在成都召开的全国土壤肥料长期定位试验学术研讨会。

在12月21—23日召开的中国农工民主党江苏省第七届委员会第三次会议（扩大）上，被增选为农工党江苏省第七届委员会委员。

12月，被选为由中国科学院南京分院、南京大学、河海大学联合成立的综合性研究组织：东部资源环境与持续发展研究中心学术顾问，该研究中心的办公室在中科院南京分院。

担任国际科联环境问题科学委员会氮课题组顾问。

招收博士研究生倪吾钟。

参编的《中国水稻土》获中科院自然科学奖一等奖。

1995年

1月10日，当选为中国植物营养与肥料学会第四届理事会常务理事。

5月10日，评聘为中科院沈阳应用生态研究所陆地生态系统痕量物质生态过程开放研究实验室第一届学术委员会委员。

招收博士研究生颜晓元。

参编的《中国水稻土》获国家自然科学奖二等奖。

1996年

1月，承担中国科学院生物学部院士咨询项目。

7月10日，被国家科委聘为《区域地球化学在农业和生命科学上的应用研究》项目评审委员。

10月，被聘为中科院南京土壤研究所土壤圈物质循环开放研究实验室第三届学术委员会委员。

成功申请到国家自然科学基金项目："稻田土壤中氮的硝化—反硝化损失机制的研究"。

1997年

1月，被聘为江苏省农业生产资料（集团）公司"高分子保水剂在农林、园艺上的应用研究"技术顾问。

3月31日，在江苏省政协第七届四次会议上的提案被评为优秀提案。

10月12—17日，在南京友谊宾馆组织召开"THE EFFECT OF HUMAN DISTURBANCE ON THE NITROGEN CYCLE IN ASIA"会议。

10月31日，当选为中国农工民主党第十二届中央委员会副主席、中央常务委员会委员、中央委员会委员。

《中国土壤氮素》英文版在荷兰公开出版

申请到国家自然科学基金重大项目："土壤中氮、磷生物地球化学行为的研究"（二级课题）

招收博士研究生庄舜尧。

1998年

5月，担任国家自然科学基金委员会第七届学科评审组成员。

8月9日至17日，参加在兰州举行的"农业持续发展中的土壤—植物营养与施肥问题"学术研讨会。

9月，到德国Braunschweig大学进行学术访问。

1999年

4月1—15日，与曹志洪等人一起到澳大利亚进行学术访问。

4月9日，当选为中国植物营养与肥料学会第五届理事会理事、常务理事。

5月，被聘为中国科学院地理研究所环境生物地球化学开放实验室学术委员会委员。

7月15日，被聘为中国科学院陆地生态系统痕量物质生态过程开放研究实验室第二届学术委员会委员。

10月17—25日，参加中国土壤学会第九次全国会员代表大会第三届海峡两岸土壤肥料学术交流研讨会，会上当选为中国土壤学会理事长。

招收博士研究生熊正琴。

2000 年

1月，到日本筑波参加"东亚氮素循环"会议。

2月6日，《光明日报》以较大篇幅报道了朱兆良对农业污染问题的关注。

3月3—11日，参加全国政协九届三次会议并在第二次全体会议上代表农工民主党中央，就集约农业区应避免农副产品和水质污染，提了几点意见和建议。

3月13日，督办由江苏省九三学社提出的"关于全面推广防虫网生产放心菜的建议"的提案。

5月，就"如何避免农副产品和水质污染"接受《科技日报》记者采访。

10月，被聘为中国科学院南京土壤研究所土壤圈物质循环开放研究实验室第四届学术委员会委员。

12月，和文启孝共同主编的《中国土壤氮素》荣获中国科学院自然科学二等奖。

招收博士研究生王连峰。

2001 年

5月12—19日，在厦门参加"氮素循环与农业和环境"学术会议

8月14日，《新华日报》报道了朱兆良对如何把绿色食品生产培育成为农村新的经济增长点的看法。

招收博士研究生查红光。

2002 年

3月11日，《人民日报》报道了朱兆良对发展无公害农业的建议。

3月11日，《新华日报》报道了朱兆良提出的如何保持农村卫生工作持续健康发展的建议。

4月9日,《新华日报》报道了朱兆良等八位院士提出关于农产品安全问题。

4月,被聘为植物—土壤相互作用教育部重点实验室学术委员会委员。

5月,到西藏考察。

10月,被聘为中国科学院陆地生态过程重点实验室第三届学术委员会委员。

任国际氮素启动项目(INI)专家组成员。

2003 年

与张福锁联合申请的"主要农田生态系统氮素行为与氮肥高效利用的基础研究"课题受到国家自然科学基金委重大项目立项。

参加由中国环境与发展国际合作委员会启动的"中国种植业的非点源污染控制对策研究"项目。

6月11日,向江苏省政府提出"关于我省国土资源调查中的组织协调问题"建议。

9月,收到中华人民共和国国家发展和改革委员会发改办(2003)1064号·B·对政协十届全国委员会第一次会议第2182号(轻重工业类159号)提案的答复。

招收博士研究生董晓英和谢迎新。

2004 年

3月11日,《新华日报》报到了朱兆良关于四种策略构建"国家粮食安全体系"的思考。

4月9日,《人民日报》报道了在全国政协会议上关于"建设国家粮食安全体系"的建议。

7月26—29日,在沈阳参加中国土壤学会第十届会员代表大会暨第五届两岸土壤肥料学术交流会议。被聘为中国土壤学会第十届理事会首席顾问。

9月27日下午,参加江苏省委农村工作领导小组召开座谈会,并在会上做了藏粮于土、藏粮于科技的专题发言。

10月12—16日，在南京希尔顿酒店主持召开第三届国际氮素大会（The 3rd International Nitrogen Conference），任大会主席。

10月16日，《科技日报》报道朱兆良关于如何提高氮的利用率的问题。

11月24日，《科技日报》报道朱兆良自2003年7月参加国合会"中国农业面源污染控制对策"项目对我国农业面源污染问题摸底工作基本情况。

12月7日，《人民日报》报道朱兆良在首届中国生态健康论坛上提出的关于治理水污染的建议，强调防治农业污染首先要由"点"扩展到"面"，同时应从政策、环境立法和技术三个层面进行综合治理。

12月17日，《人民日报》报道了朱兆良有关"生态健康和谐发展：解决农业污染迫在眉睫"建议，建议从政策、环境立法和技术三个层面提出治理措施。

12月18日，《新华日报》报道了朱兆良在科学理解粮食安全内涵着力提高粮食综合生产能力论坛上做的"关于粮食安全与农民增收和环境保护问题的几点思考"报告。

与李振声、章申共同主编的《挖掘生物高效利用土壤养分潜力保持土壤环境良性循环》著作出版。

招收博士研究生田玉华。

2005年

1月18日，出席江苏省政协九届三次会议并提交"关于科学发展有机食品产业的建议"提案。

2月1日，接受《人民日报》记者刘毅关于我国农业面源污染的问题的专访。

3月10日，《新华日报》、3月17日《光明日报》分别报道了院士呼吁：重视有机肥安全问题。

5月18日，给江苏省委、省政府提出"关于合理使用氮肥，争取粮食安全与农民增收及环境保护相协调的建议"。

5月25日，为"议'三农'—加快农业科技进步"提建议。

7月8日，《人民日报》报道了朱兆良"充分发挥民主党派的作用，为构建社会主义和谐社会贡献力量"的建议。

9月，参加江苏省政协常委会第十次会议全体会议。

9月9日，在江苏省制定"十一五"规划之际向梁保华省长提出自己的几点想法。

12月10日，参加政协会议并建议党委政府要高度重视政协委员提案、建议案的办理工作，提高答复质量，抓好信息反馈、跟踪督查，真正推动工作。

2006年

3月15日，《新华日报》报道朱兆良就如何科技创新问题提出自己的看法。

3月，参加政协十届全国委员会第四次会议并提交了"提高我国中水回用率"提案。

6月23日，《科学日报》报道了朱兆良对于如何保障我国粮食安全的问题所提出建议。

12月，"稻田氮肥污染控制技术研究与应用"荣获江苏省科学技术进步二等奖。

12月10—17日，到台北参加"第六届海峡两岸土壤肥料学术交流研讨会"。

与（英）David Norse、孙波共同主编《中国农业面源污染控制对策》一书出版。

招收博士研究生赵旭。

2007年

3月5日，《人民日报》报道朱兆良"为农村环保提建议"。

7月1日，在陕西杨凌参加"黄土高原旱地土壤氮素循环与氮肥合理施用理论和技术研究"鉴定会。

9月11日，主持的"主要农田生态系统氮素行为与氮肥高效利用的基础研究"项目接受专家组验收。

12月3—15日，出访澳大利亚并对墨尔本大学进行学术访问。

2008年

5月25—26日，应邀参加"第十一届中国青年土壤科学工作者暨第六届中国青年植物营养与肥料科学工作者学术讨论会"。

7月8日，获农工民主党中央参政议政工作先进个人荣誉称号。

在山东金正大生态工程集团股份有限公司设立院士工作站。

招收博士研究生闵炬。

2009年

1月，被聘为江苏常熟农田生态系统国家野外科学观测研究站（中国科学院南京土壤研究所）首届学术委员会主任委员。

2010年

7月，出席在银川召开的中国植物营养与肥料学会学术会议。

与邢光熹共同编著《氮循环攸关农业生产、环境保护与人类健康》一书出版。

与张福锁共同主编《主要农田生态系统氮素行为与氮肥高效利用的基础研究》一书出版。

招收博士研究生孙晓。

2011年

1月4—8日，到苏州相城院士工作站进行考察。

3月11—12日，在北京参加由中国农科院主持召开的防治农业污染问题会议。

3月22—25日，到绍兴的某硝化抑制剂生产厂考察调研。

5月20—22日，到山东金正大肥料公司考察调研。

7月8—10日，参加中国土壤学会理事会长春会议并做学术报告。

9月27—29日，到北京参加中国农业科学院金继运"973"项目验收会议。

12月1—3日，到北京中国农业大学参加植物营养与肥料学科群启动会议。

2012年

1月6日，被聘为农业部面源污染控制重点实验室学术委员会主任委员。

2月24日，参加中国科学院专项土壤固碳项目年度汇报会。

3月17—18日，参加中国农业科学院面源污染重点实验室学术委员会会议。

4月1—2日，参加江苏省在苏院士咨询委员会会议。

4月27—28日，到北京参加张福锁"973"项目成果汇报会。

6月10—13日，到北京参加中国科学院第十六次、中国工程院第十一次院士大会。

8月20—23日，到成都参加中国土壤学会代表大会。

2013年

4月19—20日，到张家港华昌考察，并就在该单位设立院士工作站签约。

5月6—7日，在山东苍山普金肥料公司设立院士工作站。

5月29—30日，参观上海农科院的长期试验。

10月16—20日，参加相关部门组织的江浙沪资深院士杭州行。

13—16日，到长沙参加植物营养与肥料学会理事会议及学科群建设会议。

2014年

1月7—9日，到北京参加中国农业科学院肥料项目2013年度总结会议。

2月17日，参加南京师范大学蔡祖聪活性氮项目启动会。

8月14—15日，到哈尔滨参加植物营养与肥料学会年会，期间参观黑龙江省农科院肥料研究试验区。

8月16—19日，到黑龙江省黑河长期肥料试验站考察。

10月22—23日，到常熟参加尹斌的澳佳公司腐殖酸包膜尿素田间试验现场会。

2015年

1月9日，参加南京土壤所颜晓元承担的国际氮素项目启动（INI）会。

1月12—14日，到连云港参加在苏院士考察咨询活动。

6月17—19日，到北京参加中国农科院农业部面源污染重点实验室学术委员会会议。

7月12—13日，到河北曲周参加钾肥试验现场会。

9月21—23日，到河南封丘站、新乡心连心院士工作站考察。

9月23—25日，到河南农业大学参加中国植物营养与肥料学会第八届第四次理事会暨2015年学术年会。

10月26—27日，到北京参加腐殖酸助力减肥增效——中国第三届腐殖酸肥料创新发展与应用推广高峰论坛。

11月8—11日，到浙江衢州设立院士工作站。

11月9日，中国农工民主党中央网站上发表了题为："民主党派能够为推动国家重大发展战略有所作为"的报道，其中有朱兆良参政议政事迹报道。

12月4—7日，到重庆参加中国土壤学会成立七十周年大会暨学术研讨会。

2016年

5月18—20日，到山东农业大学参加第十五届中国青年土壤科学工作者暨第十届中国青年植物营养与肥料科学工作者学术讨论会。

5月21日，在南京农业大学出席"黄瑞采教授诞辰一百一十周年、史瑞和教授诞辰一百周年暨南京农业大学资源与环境科学学院更名二十周年纪念大会"。

附录二　朱兆良主要论著目录

期刊论文

[1] 朱兆良，于天仁. 1955. 用亚硝酸钠去铵的微量定钾法 [J]. 土壤学报，3（1）：15-24.

[2] 朱兆良. 1955. 植物和土壤提取液中钙镁微量快速分析法 [J]. 土壤学报，3（2）：113-123.

[3] 朱兆良. 1957. 中国土壤中的氟和氯 [J]. 科学通报，2（14）：438-439.

[4] 中国科学院土壤研究所常熟工作组. 1959. 水分管理对土壤性状的影响及其意义 [J]. 土壤学报，7（3-4）：203-217.

[5] 朱兆良. 1963. 土壤中氮素的转化 [J]. 土壤学报，11（3）：328-338.

[6] 刘芷宇，朱兆良，陈家坊. 1965. 陈永康水稻高产经验中看土施肥原则的分析 [J]. 科学通报，10（7）：585-592.

[7] 朱兆良，蔡贵信，俞金洲. 1977. 稻田中 ^{15}N 标记硫酸铵的氮素平衡的初步研究 [J]. 科学通报，22（11）：503-504.

[8] 朱兆良，廖先苓，蔡贵信，等. 1978. 苏州地区双三制下土壤养分状

况和水稻对肥料的反应[J]. 土壤学报, 15（2）：126-137.

[9] 朱兆良, 陈永业, 徐永福, 等. 1979. 苏州地区平田黄泥土氮素供应过程的特点及其与氮肥施用方法的关系[J]. 土壤学报, 16（3）：219-233.

[10] 蔡贵信, 张绍林, 朱兆良. 1979. 测定稻田土壤氮素矿化过程的淹水密闭培养法的条件试验[J]. 土壤, 11（6）：231-237.

[11] 朱兆良. 1980. 东南亚湿润季候风地区生态系统中氮素循环学术会议情况简介[J]. 土壤, 12（1）：35-38.

[12] 熊毅, 徐琪, 姚贤良, 等. 1980. 耕作制对土壤肥力的影响[J]. 土壤学报, 17（2）：101-120.

[13] 朱兆良. 1981. 我国水稻生产中土壤和肥料氮的研究[J]. 土壤, 13（1）：1-6.

[14] 朱兆良. 1981. 澳大利亚的土壤和肥料氮素的研究概况[J]. 土壤, 13（5）：199-201.

[15] 陈荣业, 朱兆良. 1982. 氮肥去向的研究 I 稻田土壤中氮肥的去向[J]. 土壤学报, 19（2）：122-130.

[16] 廖先苓, 徐银华, 朱兆良. 1982. 淹水种稻条件下化肥氮的硝化—反硝化损失的初步研究[J]. 土壤学报, 19（3）：257-263.

[17] 朱兆良. 1982. 估算水稻、小麦氮肥用量的有关参数的选定[J]. 土壤, 14（4）：136-140.

[18] 蔡贵信, 朱兆良. 1983. 水稻生长对土壤氮素矿化的影响[J]. 土壤学报, 20（3）：272-278.

[19] 蔡贵信, 朱兆良. 1983. 太湖地区水稻土的氮素供应和氮肥的合理施用[J]. 土壤, 15（6）：201-205.

[20] 朱兆良, 蔡贵信, 徐银华, 等. 1984. 太湖地区水稻土的氮素矿化及土壤供氮量的预测[J]. 土壤学报, 21（1）：29-36.

[21] 俞金洲, 蔡贵信, 朱兆良. 1984. 不同施用方法下 ^{15}N 硫酸铵在稻田土壤中的去向[J]. 土壤, 16（3）：106-107.

[22] 朱兆良. 1985. 我国关于土壤供氮和化肥氮去向研究的进展[J]. 土

壤，17（1）：2-9.

[23] 蔡贵信，朱兆良，朱宗武，等，1985. 水稻田中碳铵和尿素的氮素损失[J]. 土壤，17（5）：225-230.

[24] 朱兆良，蔡贵信，徐银华，等. 1985. 种稻下氮肥的氨挥发及其在氮素损失中的重要性的研究[J]. 土壤学报，22（4）：320-329.

[25] 朱兆良. 1986. 土壤氮素转化的研究近况[J]. 干旱区研究，（4）：1-13.

[26] 陈德立，朱兆良. 1986. 太湖地区水稻土非交换性铵的含量及其在培养中的变化[J]. 土壤，18（1）：35.

[27] 陈德立，朱兆良. 1986. 稻田耕层以下土壤氮素供应[J]. 土壤，18（1）：35-36.

[28] 朱兆良，陈德立，张绍林，等. 1986. 稻田非共生固氮对当季水稻吸收氮的贡献[J]. 土壤，18（5）：225-229.

[29] 朱兆良，张绍林，徐银华. 1986. 平均适宜施氮量的含义[J]. 土壤，18（6）：316-317.

[30] J. R. Freney，A.C.F. Trevitt，朱兆良，等. 1987. 水田氨挥发的测定方法[J]. 土壤学报，22（2）：142-151.

[31] 朱兆良，张绍林，徐银华. 1987. 种稻下氮素的气态损失与氮肥品种及施用方法的关系[J]. 土壤，19（4）：320-328.

[32] 张绍林，朱兆良，徐银华，等. 1988. 关于太湖地区稻麦上氮肥的适宜用量[J]. 土壤，20（1）：5-10.

[33] 朱兆良. 1988. 关于稻田土壤供氮量的预测和平均适宜施氮量的应用[J]. 土壤，20（2）：57-61.

[34] 陈德立，朱兆良. 1988. 稻田土壤供氮能力的解析研究[J]. 土壤学报，25（3）：262-268.

[35] 朱兆良，张绍林，陈德立. 1988. 黄淮海地区石灰性稻田土壤上不同混施方法下氮肥的去向和增产效果[J]. 土壤，20（3）：121-125.

[36] 朱兆良. 1989. 关于土壤氮素研究中的几个问题[J]. 土壤，21（2）：1-9.

[37] 张绍林，朱兆良，徐银华. 1989. 黄泛区潮土—冬小麦系统中尿素的转化和肥料氮去向 [J]. 核农学报，3（1）：9-15.

[38] 朱兆良，J. R. Simpson，张绍林，等. 1989. 石灰性稻田土壤上化肥氮损失的研究 [J]. 土壤学报，26（4）：337-343.

[39] 朱兆良. 1990. 土壤氮素有效性指标与土壤供氮量预测 [J]. 土壤，22（4）：177-180.

[40] 蔡贵信，朱兆良. 1991. 渍水土壤中反硝化气体的直接测定 [J]. 土壤，23（2）：106.

[41] 朱兆良. 1991. 稻田节氮的水肥综合管理技术的研究 [J]. 土壤.（5）：241-245.

[42] 张绍林，蔡贵信，王贤忠，等. 1991. 黄淮海平原潮土—夏玉米系统中尿素氮损失途径的研究 [J]. 土壤，23（5）：271.

[43] 张绍林，朱兆良，等. 1992. 稻田氮肥施用技术的改进 [J]. 土壤，24（1）：19-22.

[44] 朱兆良. 1994. 稻田土壤中氮素的转化与氮肥的合理施用 [J]. 化学通报，9（9）：15-17.

[45] 李新慧，朱兆良，蔡贵信，等. 1994. 氮肥在水稻根际的硝化—反硝化损失的评价 [J]. 土壤，26（6）：325.

[46] 范晓晖，朱兆良. 1997. 农田土壤剖面反硝化活性及其影响因素的研究 [J]. 植物营养与肥料学报，3（2）：97-104.

[47] 钦绳武，顾益初，朱兆良. 1998. 潮土肥力演变与施肥作用的长期定位试验初报 [J]. 土壤学报，35（3）：365-375.

[48] 朱兆良. 1998. 施肥与农业和环境 [J]. 大自然探索，17（4）：25-28.

[49] 朱兆良. 2000. 农田中氮肥的损失与对策 [J]. 土壤与环境，9（1）：1-6.

[50] 倪吾钟，沈仁芳，朱兆良. 2000. 不同氧化还原电位条件下稻田土壤中 ^{15}N 标记硝态氮的反硝化作用 [J]. 中国环境科学，20（6）：519-523.

［51］庄舜尧，尹斌，朱兆良. 2001. 表面分子膜抑制稻田氨挥发的模拟研究［J］. 土壤, 33（2）：60-63.

［52］朱兆良. 2002. 氮素管理与粮食生产和环境［J］. 土壤学报, 39（2）：3-11.

［53］庄舜尧，尹斌，朱兆良. 2002. 表面分子膜抑制稻田氨挥发的模型研究［J］. 中国农业科学, 35（12）：1506-1509.

［54］朱兆良. 2003. 合理施用化肥，充分利用有机肥，发展环境友好的施肥体系［J］. 中国科学院院刊, 18（2）：89-93.

［55］朱兆良，范晓晖，孙永红，等. 2004. 太湖地区水稻土水稻季氮素循环及其环境效应［J］. 作物研究, 18（4）：187-191.

［56］朱兆良，孙波，杨林章，等. 2005. 我国农业面源污染的控制政策和措施［J］. 科技导报, 23（4）：47-51.

［57］朱兆良. 2006 推荐氮肥适宜施用量的方法论刍议［J］. 植物营养与肥料学报, 12（1）：1-4.

［58］朱兆良. 2006. 对我国粮食安全的几点思考［J］. 中国科学院院刊, 21（5）：371-372.

［59］朱兆良，孙波. 2008. 中国农业面源污染控制对策研究［J］. 环境保护,（4B）：4-6.

［60］朱兆良. 2008. 中国土壤氮素研究［J］. 土壤学报, 45（5）：778-783.

［61］朱兆良. 2008. 中国农业中的氮素管理. 见：李华栋主编.《农业持续发展中的植物养分管理》［M］. 江西人民出版社：326-330.

［62］朱兆良，金继运. 2013. 保障我国粮食安全的肥料问题［J］. 植物营养与肥料学报, 19（2）：259-273.

［63］蔡祖聪，颜晓元，朱兆良. 2014. 立足于解决高投入条件下的氮污染问题［J］. 植物营养与肥料学报, 20（1）：1-6.

［64］Zhu Zhao-liang. 1981. "Nitrogen cycling and the fate of fertilizer nitrogen in rice fields of the Suchow District, Jiangsu Province, China". Nitrogen Cycling in South-East Asian WetMonsoonal Ecosystems, 73-76.

Australian Academy of Sciences. Canberra, Australia.

[65] Chen Rong-ye, Zhao-liang Zhu.1982. Characteristics of the fate and efficiency of nitrogen in supergranules of urea. Fert. Res. 3: 63-71.

[66] Zhu Zhao-liang, et al. 1983. On the improvement of the efficiency of nitrogen of chemical fertilizers and organic manures in rice production. Soil Sci. 135 (1): 35-39.

[67] Cai Gui-xin, and Zhao-liang Zhu, et al.1986. Nitrogen loss from ammonium bicarbonate and urea fertilizers applied to flooded rice.Fert. Res.10: 203-215.

[68] ZhuZhao-liang.1987. "^{15}N balance studies of fertilizer nitrogen applied to rice fields in China". In Efficiency of Nitrogen Fertilizers for Rice, 163-167.IRRI.Manila, Philippines.

[69] CaiGui-xin, Zhao-liangZhuetal. 1987. "Denitrification and ammonia loss from ammonium bicarbonate and urea applied to flooded rice in China". In Efficiency of Nitrogen Fertilizers for Rice, 169-175.IRRI.Manila, Philippines.

[70] Zhu Zhao-liang1988. "Nitrogen mineralization and supply of paddy soil" .InPaddy Soil Fertility Working Group .Proc.1st International Symposium on Paddy Soil Fertility.193-203.Chiangmai, Thailand.

[71] Zhu Zhao-liang, et al.1989. Processes of nitrogen loss from fertilizers applied to flooded rice fields on a calcareous soil in North-Central China. Fert. Res.18: 101-115.

[72] Zhu Zhao-liang, Zhen-bangXi.1990.Recycling phosphorus from crop and animal wastes in China. Proc. Symp. on Phosphrous Requirements for Sustainable Agriculture in Asia and Ocenia.115-123.IRRI Manila. Philippines.

[73] Wang Xian-zhong, R. J. K. Myers, Zhao-liang Zhu.1990. "Preliminary study on modeling of nitrogen loss from flooded rice fields" .First Workshop on Material Cycling in Pedosphere.LMCP, Nanjing.

[74] Zhu Zhao-liang.1992.Efficient management of nitrogen fertilizers for flooded rice in relation to nitrogen transformations in flooded soils.Pedosphere, 2 (2): 97-114.

[75] LI Xin-Hui, Zhu Zhao-Liang, Cai Gui-Xin, et.al.1994, Nitrification-denitrification loss of added nitrogen in flooded rice rhizosphere. Pedosphere, 4 (2): 145-152.

[76] Yin-Bing, Shen Ren-Fang, Zhu Zhao-Liang.1996.Use of new water soluble surface film-forming material to reduce ammonia loss from water solution.Pedosphere, 6 (4): 329-334.

[77] Xing G X, Zhu Z L. 1997.Preliminary studies on N_2O emission fluxes from upland soils and paddy soils in China. Nutrient Cycling in Agroecosystems, 49: 17-22.

[78] Zhuang Shunyao, Bin Yin, Zhaoliang Zhu.1999. Model estimation of volatilizaton of ammonia applied with surface film-forming material. Pedosphere, 9 (4): 299-304.

[79] G X Xing, Zhaoliang Zhu.2000. An assessment of N loss from agricultural fields to the environment in China.Nutrient Cycling in Agroecosystems, 57: 67-73.

[80] Zhuang S Y, Yin B, Z L Zhu .2001.A simulation study on effect of surface film-forming material on water evaporation.Pedosphere, 11 (1): 67-72.

[81] W Z Ni, Z L Zhu.2001. Gaseous losses and nitrous oxide emission from a flooded paddy soil as affected by illumination and copper addition. Short Communication, Biology and Fertility of Soils, 34: 460-462.

[82] G X Xing, Z L Zhu.2002. Regional nitrogen budgets for China and its major watersheds.Biogeochemistry (57-58): 405-427.

[83] Zhuang S Y, Z L Zhu.2002.Simulating the effectiveness of surface film on water evaporation and ammonia volatilization. (Short communication). Aust. J. Soil Res40: 1243-1248.

[84] Zhu Z L, D L Chen. 2002. Nitrogen fertilizer use in China-Contributions to food production, impacts on environment and best management strategies.Nutrient Cycling in Agroecosystems, 63（2-3）: 117-127.

[85] Ni Wu-zhong, Zhao-laing Zhu. 2004.Evidence of N$_2$O emission and gaseous nitrogen losses through nitrification-denitrification induced by rice plants（Oriza sativa L.）.Short Communication.Biol. Fertil.Soils, 40: 211-214.

[86] Zhaoliang Zhu, Zhengqin Xiong, Guangxi Xing. 2005.Impacts of population growth and economic development on the nitrogen cycle in Asia. Science in China, Ser. C: Life Sciences, 28（Special Issue）: 729-737.

[87] Ni Wuzhong, Jianping Li, Zhaoliang Zhu.2007.Occurrence of nitrification-denitrification and gaseous nitrogen loss process in flooded rice soil. Progress in Natural Science,（1）: 6-10.

[88] Xiong Z Q, G X Xing, Z L Zhu.2007.Nitrous oxide and methane emissions as affected by water, soil and nitrogen.Pedosphere,（2）: 146-155.

著作

[1] 李庆逵，朱兆良，于天仁. 中国农业持续发展中的肥料问题. 南昌：江西科技出版社，1998.

[2] 李振声，朱兆良，章申，等. 挖掘生物高效利用土壤养分潜力，保持土壤环境良性循环. 北京：中国农业大学出版社，2004.

[3] 中国土壤学会土壤农业化学专业委员会，土壤生物和生物化学专业委员会. 我国土壤氮素研究工作的现状与展望. 北京：科学出版社，1986.

[4] 朱兆良，David Norse. 中国农业面源污染控制对策（Policy for reducing non point pollution from crop production in China）. 北京：中国环境科学出版社，2006.

［5］朱兆良，文启孝. 中国土壤氮素. 南京：江苏科技出版社，1992.

［6］朱兆良，张福锁，等. 主要农田生态系统氮素行为与氮肥高效利用的基础研究. 北京：科学出版社，2010.

［7］朱兆良，邢光熹. 氮循环——维系地球生命生生不息的一个自然过程（修订版）. 北京：清华大学出版社，2010.

［8］A R Mosier, et al. Proceedings of the SCOPE Project on Nitrogen Transport and Transformations: A Regional and Global Analysis. Part V: The Effect of Human Disturbance on the Nitrogen Cycle in Asia. ISSAS: Nanjing, China, 1997.

［9］Zhaoliang Zhu, Katsu Minami, Guangxi Xing. 3rd International Nitrogen Conference, Contributed papers. Science Press USA Inc. 2005.

［10］Zhu Zhao-liang, Wen Qi-xiao, J R Freney. Nitrogen in Soils of China. Dordrecht/Boston/London: Kluwer Academic Publishers, 1997.

参考文献

著作类

[1][德]李比希著,刘更另译.化学在农业和生理学上的应用[M].北京:农业出版社,1983.

[2][德]卫礼贤著,蒋锐译,孙立新校.中国人的生活智慧[M].济南:山东大学出版社,2010.

[3][德]卫礼贤著,秦俊峰译.德国孔夫子的中国日志——卫礼贤博士一战青岛亲历记[M].福州:福建教育出版社,2012.

[4][美]查尔斯·H.扎斯特罗,[美]卡伦·K.柯斯特-阿什曼著,师海玲,孙岳等译.人类行为与社会环境(第6版)[M].北京:中国人民大学出版社,2006.

[5][美]里奇著,王芝芝,姚力译.大家来做口述历史:实务指南(第2版)[M].北京:当代中国出版社,2006.

[6][美]史蒂文森等著,闵九康等译.农业土壤中的氮[M].北京:科学出版社.1989.

[7][美]朱克曼著,周叶谦,冯世则译.科学界的精英:美国的诺贝尔奖金获得者[M].北京:商务印书馆.1979.

[8][以色列]本·戴维著.赵佳苓译.科学家在社会中的角色[M].成都:四

川人民出版社，1988.
［9］［英］腊塞尔著，谭世文等译. 土壤条件与植物生长［M］. 北京：科学出版社. 1979.
［10］［德］卫礼贤著，王宇洁、罗敏朱晋平译，颜玉强主编. 中国心灵［M］. 北京：国际文化出版社，1998.
［11］［美］罗伯特·卡尼格尔著，江载芬，闫鲜宁，张新颖译. 师从天才——一个科学王朝的崛起［M］. 上海：上海世纪出版集团上海科技教育出版社，2012.
［12］K. 门格尔. 植物营养与施肥原理［M］. 农牧渔业部教育司西北农学院. 1983.
［13］董光璧著. 二十世纪中国科学［M］. 北京：北京大学出版社，2007.
［14］李庆逵，朱兆良，于天仁著. 中国农业持续发展中的肥料问题［M］. 南昌：江西科学技术出版社，1998.
［15］卢嘉锡主编. 中国当代科技精华生物学卷［M］. 哈尔滨：黑龙江教育出版社，1994.
［16］山东大学百年史编会编. 山东大学百年史（1901—2001）［M］. 济南：山东大学出版社，2001.
［17］石元春编. 20世纪中国知名科学家学术成就概览. 农学卷（第4分册）［M］. 北京市：科学出版社，2013.
［18］张体勤主编. 百年山大群星璀璨［M］. 济南：山东大学出版，2001.
［19］中国·陈嘉庚基金会. 第五—七届陈嘉庚奖获得者的主要科学技术成就与贡献［M］. 北京：科学出版社，1998.
［20］中国科学技术协会编. 中国科学技术专家传略. 农学编. 土壤卷1［M］. 北京：中国科学技术出版社，1993.
［21］中国科学技术协会编. 中国科学技术专家传略. 农学编. 土壤卷2［M］. 北京：中国科学技术出版社，1999.
［22］中国科学技术协会编. 中国科学技术专家传略. 农学编. 土壤卷3［M］. 北京：中国科学技术出版社，2013.
［23］中国科学院南京土壤研究所编. 江苏省高产稳产农田建设的土壤问题［M］. 1978.
［24］中国科学院南京土壤研究所编. 李庆逵与我国土壤科学的发展——庆贺李庆

遹教授从事土壤科学工作六十周年论文集［C］. 南京：江苏科学技术出版社，1992.

［25］中国科学院学部联合办公室编. 中国科学院院士自述［M］. 上海：上海教育出版社，1996.

［26］中国农业科学院，土壤肥料研究所编. 张乃凤先生九十寿辰纪念文［M］. 北京：中国农业科技出版社，1994.

［27］周忠德主编. 宁波市科学技术协会编. 甬籍院士风采录［M］. 杭州：浙江大学出版社，2002.

档案类

［1］1978年度研究题目试验设计书，题目为：尿素在土壤中的转化和去向的研究。

［2］1978年度研究题目试验设计书，题目为：稻田土壤氮素矿化和供应过程的研究。

［3］1979年度研究题目试验设计书，题目为：稻田土壤氮素矿化过程的研究。

［4］1979年度研究题目试验设计书，题目为：稻田中氮肥气态损失的研究。

［5］1980年度研究题目试验设计书，题目为：水稻土氮素损失途径和主要类型水稻土的矿化特性的研究。

［6］1981年度研究题目试验设计书，题目为：水稻土的矿化特性的研究。

［7］氮素损失途径和提高氮肥利用率的研究为1984—1990年一个研究任务的开题报告。

［8］1985年"太湖地区高产条件下氮肥的合理施用"开题报告。

［9］1986年申请中国科学院院内科学基金。水稻土中化学氮肥氮素损失的途径的申报书。

［10］1986年12月"稻田中化肥氮的损失"课题结题证书。

［11］1986年黄淮海平原潮土的养分供应能力和化肥经济施用的研究获得中国科学院立项书。

［12］1987年稻田中化肥氮的损失申报中国科学院技术进步奖的申报书。

［13］1989年向中国科学院封丘农业生态开放实验站申请课题的申请表。课题名称：潮土——作物系统中化肥氮去向的研究。

［14］1989年土壤—作物系统中氮素的平衡和化肥氮的损失申请表。

[15] 1989年9月向中科院南京土壤所土壤圈物质循环开放研究实验申请课题填写申请表。课题名称：稻田中反硝化损失田间观测方法的改进和化肥氮气态损失的研究。

[16] 1989年12月稻田土壤的供氮能力和氮肥施用量的推荐申请国家科学技术进步奖的申报书。

[17] 1990年9月7日中国科学院南京分院对朱兆良主持的"黄淮海平原潮土的养分供应能力和化肥经济施用的研究"进行科学技术成果鉴定的鉴定书。

[18] 1991年8月申请中国科学院南京土壤研究所土壤圈物质循环开放实验室重点课题申请书。项目名称：水旱轮作制中化肥氮的损失及其对策的研究。

[19] 1991年11月23日"稻田节氮的水肥综合管理技术"科学技术成果鉴定书。

[20] 1992年8月31申请中国科学院南京土壤研究所土壤圈物质循环开放实验室重点课题的申请书。课题名称：稻田中化肥氮的硝化—反硝化损失的研究。

[21] 1994年1月28日邢光熹和朱兆良以"农田系统N_2O的发射通量及其影响因素"申请国家自然科学基金的申请书。

后 记

  转眼与朱兆良院士已相处三年多时间。在这三年多的时间里，我们小组成员和朱院士经从陌生到熟悉，再到朋友，感触颇多，收获满满。

  2014年7月3日，在朱院士办公室我们对朱院士进行了第一次访谈。当时我们小组成员内心很紧张，朱院士对所提出的问题只是简单回答，双方都处于一种礼貌尊重的状态，气氛比较严肃。直到谈到他上学时期的事情时，双方才都轻松下来。朱院士说，他上大学不花钱就可以转专业。以前在入学里要转专业还要花钱，家里没有钱，就很难转到自己喜欢的专业。有了这个小小的插曲，双方的家常就拉开了。访谈结束时，朱院士还送了我们采集小组几本他的专著。

  这次访谈后，我们意识到当务之急是消除双方的心理隔阂。经过一段时间的情感沟通之后，我们明显感觉双方交流少了客套与严肃，多了真诚与信任。当我们再去朱院士办公室时，秘书也已经不在办公室陪着朱院士了。有时当我们正想采访朱院士时，朱院士也会说"正等你来呢"。双方已经达成了难得的默契。随着交流次数的增多，双方的感情也越来越深，要去他办公室不需要经过秘书的转达，只要直接和他短信联系就可以。2016年9月他利用去河南农业大学开会的机会，带着小组成员一起去中国科学院封丘生态实验站进行了一次实地考察。朱院士现场为我们小组讲解了长期试验的设置理念、用途，施肥不同作物生长也不同，等等，使我们对朱院士工作的意义有了切身的理解。

整个采集过程，也是我们和朱院士重温他过去的工作和生活。我们一边整理资料，一边听他述说相关故事。当我们把他五十年代学习土壤氮素相关知识的笔记拿给他看时，老先生小心翻阅着说："这是我第一次接触氮素，那时李老（李庆逵）要求我们学习、做笔记，当时的付出很有收获。李老真是有方法，我学到很多。"听着耄耋老人像小孩子一样讲自己学习事情，成员触动都很大。我们整理朱先生资料过程中，他向我们讲了很多人和事，交流过程中双方感情也一点一点堆积着。今天，我们和朱院士已经是很好的朋友了，可以海阔天空地聊学习、聊工作、聊国家大事。

本书能够顺利完成，与很多人的帮助分不开。张绍林老师专门从家里赶到土壤所会议室接受我们访谈。邢光熹老师和颜晓元老师，除接受我们的访谈外，还帮我们修改访谈稿。颜晓元老师帮忙联系常熟生态站林站长，请他带领我们实地调研，解答我们的疑问。我们去青岛第九中学进行查阅资料时得到李聪颖老师和崔玲华老师的帮助。崔老师帮我们一页一页的查阅资料，李老师帮我们扫描资料。在山东大学采集资料时，我们得到周向荣老师的帮助。从联系人，到查阅资料，扫描资料，她全程陪着我们成员。土壤所詹其厚老师多次帮我们查阅资料。南京农业大学的徐阳春老师也提供了很多资料。朱院士的学生陈德立、王贤忠、倪吾钟、尹斌、熊正琴、谢迎新等对我们的打扰，不厌其烦，总是热情、认真传递资料给我们。在这里，对所有帮助我们的老师表示衷心感谢！

朱兆良院士研究土壤氮素六十多年，我们不可能在短短的三年时间内准确吃透他的研究内容，我们只能尽最大的努力，认真、仔细做好每一件事情。我们和朱院士接触得越多，越发现自己了解得太少，很多事情只能是皮毛。朱院士给予我们很大的鼓励，说："不错了你们都是速成班的。我研究了六十年，你们在这么短时间内能掌握这么多内容，很不错了"。

感谢周慧、雷芸、苏云登、盛文洋、梁冉、陈加晋等人帮助。他们做了大量的基础工作，没有他们的帮助，这项工作很难及时、高效地完成。

本书全文的执笔者是江苏大学慕亚芹博士和南京农业大学李群教授，

另外，在写作过程中得到朱兆良院士和中国科学院南京土壤研究所尹斌研究员的指导。本书的完成与出版仅仅是迈出朱兆良学术成长研究的第一步，希望相关的研究者一起推动朱先生的研究，共同推动中国当代科学家及其科学家群体的研究。当然，本书中难免还存在错误和欠妥之处，我们期待得到大家的批评指正。

慕亚芹

2018 年 8 月

老科学家学术成长资料采集工程丛书
已出版（100 种）

《卷舒开合任天真：何泽慧传》　　《此生情怀寄树草：张宏达传》
《从红壤到黄土：朱显谟传》　　　《梦里麦田是金黄：庄巧生传》
《山水人生：陈梦熊传》　　　　　《大音希声：应崇福传》
《做一辈子研究生：林为干传》　　《寻找地层深处的光：田在艺传》
《剑指苍穹：陈士橹传》　　　　　《举重若重：徐光宪传》

《情系山河：张光斗传》　　　　　《魂牵心系原子梦：钱三强传》
《金霉素·牛棚·生物固氮：沈善炯传》《往事皆烟：朱尊权传》
《胸怀大气：陶诗言传》　　　　　《智者乐水：林秉南传》
《本然化成：谢毓元传》　　　　　《远望情怀：许学彦传》
《一个共产党员的数学人生：谷超豪传》《没有盲区的天空：王越传》

《含章可贞：秦含章传》　　　　　《行有则　知无涯：罗沛霖传》
《精业济群：彭司勋传》　　　　　《为了孩子的明天：张金哲传》
《肝胆相照：吴孟超传》　　　　　《梦想成真：张树政传》
《新青胜蓝惟所盼：陆婉珍传》　　《情系梁菽：卢良恕传》
《核动力道路上的垦荒牛：彭士禄传》《笺草释木六十年：王文采传》

《探赜索隐　止于至善：蔡启瑞传》《妙手生花：张涤生传》
《碧空丹心：李敏华传》　　　　　《硅芯筑梦：王守武传》
《仁术宏愿：盛志勇传》　　　　　《云卷云舒：黄士松传》
《踏遍青山矿业新：裴荣富传》　　《让核技术接地气：陈子元传》
《求索军事医学之路：程天民传》　《论文写在大地上：徐锦堂传》

《一心向学：陈清如传》　　　　　《铃记：张兴铃传》
《许身为国最难忘：陈能宽》　　　《寻找沃土：赵其国传》
《钢锁苍龙　霸贯九州：方秦汉传》《虚怀若谷：黄维垣传》
《一丝一世界：郁铭芳传》　　　　《乐在图书山水间：常印佛传》
《宏才大略：严东生传》　　　　　《碧水丹心：刘建康传》

《我的气象生涯：陈学溶百岁自述》
《赤子丹心 中华之光：王大珩传》
《根深方叶茂：唐有祺传》
《大爱化作田间行：余松烈传》
《格致桃李伴公卿：沈克琦传》
《躬行出真知：王守觉传》
《草原之子：李博传》

《我的教育人生：申泮文百岁自述》
《阡陌舞者：曾德超传》
《妙手握奇珠：张丽珠传》
《追求卓越：郭慕孙传》
《走向奥维耶多：谢学锦传》
《绚丽多彩的光谱人生：黄本立传》

《宏才大略 科学人生：严东生传》
《航空报国 杏坛追梦：范绪箕传》
《聚变情怀终不改：李正武传》
《真善合美：蒋锡夔传》
《治水殆与禹同功：文伏波传》
《用生命谱写蓝色梦想：张炳炎传》
《远古生命的守望者：李星学传》

《探究河口 巡研海岸：陈吉余传》
《胰岛素探秘者：张友尚传》
《一个人与一个系科：于同隐传》
《究脑穷源探细胞：陈宜张传》
《星剑光芒射斗牛：赵伊君传》
《蓝天事业的垦荒人：屠基达传》

《善度事理的世纪师者：袁文伯传》
《"齿"生无悔：王翰章传》
《慢病毒疫苗的开拓者：沈荣显传》
《殚思求火种 深情寄木铎：黄祖洽传》
《合成之美：戴立信传》
《誓言无声铸重器：黄旭华传》
《水运人生：刘济舟传》
《在断了 A 弦的琴上奏出多复变
　　最强音：陆启铿传》
《弄潮儿向涛头立：张乾二传》
《一爆惊世建荣功：王方定传》
《轮轨丹心：沈志云传》
《继承与创新：五二三任务与青蒿素研发》

《化作春泥：吴浩青传》
《低温王国拓荒人：洪朝生传》
《苍穹大业赤子心：梁思礼传》
《仁者医心：陈灏珠传》
《神乎其经：池志强传》
《种质资源总是情：董玉琛传》
《当油气遇见光明：翟光明传》
《微纳世界中国芯：李志坚传》
《至纯至强之光：高伯龙传》
《材料人生：涂铭旌传》
《寻梦衣被天下：梅自强传》
《海潮逐浪镜水周回：童秉纲口述
　　人生》